U0111669

大展好書　好書大展
品嘗好書　冠群可期

大展好書　好書大展

品嚐好書　冠群可期

形意拳大師尙雲祥先生
（1864～1937）

「十大武術名師」之一的李文彬
先生（1918～1997）

作者李宏與其父李文彬先生合影

武高輝先生與李文彬先生合影

獻中華瑰寶
為人類造福

李文彬先生演練形意槍術

李文彬先生為第一屆世界
武術錦標賽題詞

李文彬先生在家中

李文彬先生在指導李宏練形意拳

李宏演練「燕子鑽天」

李宏演練胯打提撩劍

李宏、武高輝師兄弟合影

李宏向少年兒童介紹武術知識

武高輝演練燕形

李宏輔導學生練形意拳

李宏在師爺尚雲祥墓旁留影

序　言

　　武術是中國傳統文化遺產之一，具有濃厚的民族特色。它的內容豐富多彩，內涵精深。

　　形意拳是中國武術的主要拳種之一，深受國內外武術愛好者的喜愛。

　　李文彬先生自幼習武，是形意拳名家尚雲祥的關門弟子，深得其眞傳，是我國著名武術家，「十大武術名師」之一。其子李宏，中國武術七段，曾任《形意拳國家規定套路》的副主編。

　　如今，繼李文彬與尚芝蓉合著的《尚派形意拳械抉微》第一輯後，李文彬傳授，李宏、武高輝著的《尚派形意拳械抉微》第二輯一書已經脫稿，即將出版發行。此書爲作者多年來實際練功和深入研究的體會和總結，它繼承了傳統武術的精華，同時也吸收了時代的營養。它的出版，是國內外武術界一件盛事，將豐富武術寶庫的珍藏，爲弘揚傳統武術做出積極有益的貢獻；更重要的是，它表明挖掘整理中國傳統武術的工作又有更深層次的發展。

　　我祝賀作者爲弘揚中華武術事業所做的貢獻和取得的成就，並向海內外的武術愛好者推薦此書，希望大家喜歡。

張山

尚派形意拳械抉微

第二輯

前　言

　　1991年3月由湖北科技出版社和香港南粤出版社合作出版發行的我父親李文彬和師姑尚芝蓉合著的《尚派形意拳械抉微》一書，一直深受廣大讀者歡迎，很多武術界朋友敦請再版。爲了滿足廣大武術愛好者的需求，現已修訂再版，並作爲陸續撰寫四輯《尚派形意拳械抉微》中的第一輯。

　　第一輯闡述了形意拳的源流，辨析拳經眞僞，綜述了尚派形意拳的特點，編撰了尚派形意拳的三體式站樁、五行拳、連環拳、連環刀槍劍棍等。其文言有據，論理深入淺出，言簡意賅，拳理拳法緊密結合，闡述精微。書中講解了許多前輩們的不傳之秘，使讀者大有指明迷途之感。

　　家父生前躊躇滿志，著書立說，有志將尚派形意公諸於世，使世界認識中華精湛絕倫的武術文化。無奈宿願未果便與世長辭。今天，繼承父親遺志，將家父遺稿進一步整理，陸續出版《尚派形意拳械抉微》第二、三、四輯。第二輯內容爲：形意拳傳統套路（六合拳、八式拳、十二洪錘、雜式錘）和五行器械（劈、鑽、崩、炮、橫的刀槍劍棍）。第三輯內容爲：形意十二形和形意稀有器械。第四輯內容爲：形意拳健身、技擊作用及拳經闡釋。

作爲尚派形意拳第二代傳人，我們有義務、有責任運用現代科學知識對其拳理拳法進行分析，並吸收其他拳種的精華充實到形意拳技藝中，使之更加完善。新世紀的形意拳愛好者應廣見博識，擯棄門戶之見，且不能敝帚自珍，自以爲凡形意拳前輩所傳拳械就一定是形意拳械，應該用正確的理論去甄別。比如現在見過的有些拳械套路，確爲練過形意的前輩所傳，但經推敲，其動作中並不具有形意勁力特色，若再把此套路視爲形意的東西傳授於別人，那就會自誤誤人了。我所接觸的武術界的朋友中就有兩種不同的學武態度；一是拿過去自己跟老師學的爲準則，與之相悖的就拒之，這樣就會妨礙自己的博識與技藝提高。另一種是能夠辨別優劣，見賢思齊，博採衆家之長，這才是值得推崇的態度。

家父李文彬生於 1918 年，曾先後學習通臂拳、長拳、太極拳等。1933 年投師於尚雲祥老先生門下，專攻形意。經由一生的磨礪，對形意拳技藝承前啓後，做出了卓越貢獻，1996 年被中國武術協會、國家體育總局武術運動管理中心評爲「十大武術名師」。

高超的技藝源於師傳、勤奮、天資。當年，父親從師尚雲祥老先生學藝時，非常勤奮刻苦，每次去尚老先生處習武都早早到場，待其他師兄弟來時，已通身是汗。父親天資聰慧，穎悟超群，能舉一反三，尚老先生傳授的新拳法，他都一學就會，甚至還未正式傳授，由眼見、默記，暗自揣摩，便能練出幾分先生的神韻來，令先生且驚且喜。父親學藝必求甚解，伸

尚派形意拳械抉微

第二輯

手投足動必有由，對拳理拳法必探精抉微，故得尚老先生喜愛，偏得了不少別人沒學到的技藝，成爲先生的得意門徒、衣鉢的繼承人。當年在北京，遇到武術界聚會或義演等活動時，尚雲祥師爺總是帶著我父親參加，因武藝精湛，功夫了得，深得先生神髓，被人稱爲「小尚雲祥」。

父親不但繼承和發展了尚老先生的技藝，而且經過多年的研習和授藝實踐，在拳理拳法上有一定創新。如對形意母拳「鷹捉」原地單操和「趟步」單操等的理論闡述，對認識和掌握形意的「翻浪勁」和「趟勁」起了重要作用。他透過近三十篇的理論文章的發表，展現形意本來面目，使廣大武術愛好者認清良莠，追求眞諦。

感謝中國武術協會張山副主席爲此書作序。

家父生前著書撰稿和本書撰寫過程中都得到了各界武術朋友的激勵和鞭策，多位師兄弟們更是大力幫助，在此附筆誌之。

李　宏
於鶴城

作者李宏先生的聯繫方法：
宅電：0452-5970097
手機：13019038019
傳真：0452-2122494
Email：spxingyi@yahoo.com.cn

作者簡介

李宏 1954 年生於北京，大專畢業，工程師。

6 歲從父親李文彬學練長拳、通臂拳、太極拳、形意拳。曾在省、市、全國性武術比賽中獲優異成績，組織訓練的齊齊哈爾市形意拳代表隊，多次在全國單項比賽中獲優異成績。在中外武術刊物上發表三十餘篇形意文章，攝製武術VCD 三十餘盤發行國內外。曾任形意拳國家規定套路編寫組副主編。日本尚氏形意拳研究會名譽會長。中國武術七段。齊齊哈爾市第八、第九屆政協委員。

目　錄

尚派形意拳械抉微

第二輯

第一章　形意傳統套路拳

第一節　形意傳統套路拳的意義和作用

形意拳歷來被世人公認為體用務實、簡賅無華的武術拳種之一。它多以五行、十二形演練去磨礪一種技法，最終目的是練功找勁和健身，乃至用於實戰需要。當練功找勁有了一定基礎，為進一步適應在連續不斷動作變化中勁力得發，提高實戰素質和表演性，乃有了套路拳的形成，它與五行、十二形單式的練功是相輔相成的。

形意傳統套路拳由連環、六合、八式、十二洪捶、雜式捶五趟拳構成，在《尚派形意拳械抉微》第一輯中已對連環拳作了介紹，本輯將對六合、八式、十二洪捶、雜式捶的技與擊作較詳細介紹。

十二形中雞形和猴形也因動作變化大、勁力豐富而被列為形意傳統套路拳，將在《尚派形意拳械抉微》第三輯十二形中詳細介紹。介紹形意傳統套路拳的目的是展現尚雲祥師祖親傳的套路的動作結構、技法竅要和演練風格，讓廣大形意拳愛好者從中汲取精華，精練歸納，最終繼承發展形意拳技藝。

形意拳不但體現古老文化，生剋制化，象形取意，還

有它自身嚴格的連續性。只有在精練五行拳的基礎上，才可逐步涉入套路拳的學練。追求形式、數量，忽視練功找勁，等於捨本逐末不可取。再有，形意前輩們往往掌握的拳種不止一個，所傳下的某一套路，從其動作結構、勁力要求、演練風格上一看就是長拳傳統套路，真懂形意的行家不承認這屬於形意拳，否則這樣傳習下去就混淆了是非，貽誤後人！

還有一部分當代人為教學或表演、比賽需要，自編了一些形意套路，假借形意前輩之名傳教後人，這種做法不可取，應與學生實事求是地說清這是自編套路，若確有可取之處，自會廣為傳習。

上述形意傳統套路流傳較廣，但各地練法不完全一樣，這與地域、師承、悟性及文化程度有關，不能強求一致，更不能評說誰的對，誰的錯。

為練好形意拳，首先，得有明白的老師指點，老師能將拳理拳法講清，學生才有努力追求的目標。其次，得有探精抉微的精神，對每個勁力、每個動作都能分解細化去研究它的運動目的及怎樣動作效果最佳，這就是武術行話所說的「單操」。

在此基礎上結合自己的性格、體質、運動類型，加之運用剛柔、快慢的節奏在其套路演練中，自會反映出不同演練風格和勁力特色。作為當代形意拳愛好者在掌握文化、掌握科學的同時，會隨著自己技藝的增長，分清好壞、對錯，誠懇虛心學習別人長處，完善自己技藝的。

第二節　形意六合拳

形意拳前身曾叫「六合拳」和「心意六合拳」，但本文所介紹的「六合拳」則不同，它不泛指一類拳種，而是尚雲祥先生獨創且親傳於李文彬老師和尚芝蓉師姑的形意拳套路之一。

尚雲祥先生說：「形意是先有拳而後有器械，有何拳套路就有何器械套路。」先生晚年教他們練「六合」刀、棍等器械時，就先教了這趟「六合拳」。

這套「六合拳」較難練，它突出雙手握拳、用前臂做斧刃發劈勁，是「似斧屬金」的真正劈拳（現今流傳把俯掌發的所謂劈勁的「鷹捉」叫劈拳是錯誤的）。正因為這

第一章　形意傳統套路拳

17

個劈拳不用肩、肘、手關節發勁打人，而是用肘、手之間的前臂發勁，擊法上就有獨到之處。它已超出了「七拳」。此外，還有進步劈、退步劈和回身劈，其應用價值也越來越高。這趟拳只有十一式。雖動作少，但步法靈活多變，有進步、退步、疾步、後插步、搖轉步和退撤步，適於培養實戰應變能力。

這趟拳難就難在「六合」技法要旨上。「六合」的外三合是手與足合、肘與膝合、肩與胯合；內三合是心與意合、意與氣合、氣與力合。一合無不合，不僅周身各個「三節」要合，且內外、上下、左右、進退、向背、正斜、順拗也都要合。如此操之日久，鍛鍊精熟，自然可一動無不合，而致周身完整一氣，形意內勁便自然從中而生。

這趟拳一直鮮為人知。為弘揚先生所傳的形意真諦，為此拳不致訛傳、失傳，筆者奉獻在此，以望有志者傳播為幸。

形意六合拳的動作名稱

一、起勢　　　　　　二、進步劈拳

三、退步劈拳　　　　四、疾步兩鑽拳

五、後插步斜下撐拳　六、左轉身上步炮拳

七、上步順勢橫拳　　八、右轉搖身式退步鑽拳

九、進步右劈拳　　　十、回身左劈拳

十一、收勢

形意六合拳動作說明

一、起勢（三體式即鷹捉勢）

1. 身體自然直立，頭頂項直，下頜微收；兩臂自然下垂，兩掌心向內，貼於大腿外側；兩腳跟併攏，兩腳尖分開45°左右；齒扣，舌頂上腭；目視前方。（圖1-2-1）

2. 兩前臂自然地向胸前抬起，手心向下；目視前方。（圖1-2-2）

3. 兩前臂及掌根、拇指外側貼身，隨呼氣自然下按，兩掌停於丹田；兩腿隨之同時併膝下蹲；目視前方。（圖1-2-3）

4. 兩掌握拳，兩拳和前臂同時貼身由裏向上翻轉，拳心向上，靠於臍之兩側；目視前方。（圖1-2-4）

圖 1-2-1

圖 1-2-2

圖 1-2-3

圖 1-2-4

5. 右拳及前臂貼身上鑽至心口上、頦下；目視前方。（圖 1-2-5）

6. 上動不停。右拳及前臂繼續上鑽，從頦下鑽出，拳心向上，高不過眉；目視前拳。（圖 1-2-6）

圖 1-2-5

圖 1-2-6

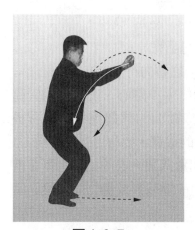

圖 1-2-7

圖 1-2-7 附圖

7. 左拳貼心口上鑽至右臂肘窩上部。（圖 1-2-7、圖 1-2-7 附圖）

8. 動作不停。左腳向前邁出一步，右腳尖隨之稍微外展，兩腿構成三體式的樁步；同時，左拳貼沿右臂向前上鑽去，當兩拳上下相遇時，兩拳同時擰轉變成「三圓掌」，左掌由上向前、向下翻落，掌心向下，腕高與心平；右掌則由

圖 1-2-8

上向下、向裏，肘貼肋回拉，靠於臍之右側，掌心也向下；目視左掌前方。此即原地左鷹捉定勢，亦即左三體式。（圖 1-2-8）

【要領】

1. 屈膝下蹲，要併膝，不得凸臀。

2. 動作5，亦即「虎抱頭」之蓄力待發。

3. 動作6，即「肘不離肋，手不離心，出洞入洞緊隨身」之技法要求，亦為「虎抱頭」的具體應用；鑽有橫勁，但不見橫，也是原地發勁的鍛鍊，要利用抖腰發勁。

4. 動作7～8，是鷹捉的起鑽落翻。必須兩臂、兩掌前後相撐、相稱、相擰。左臂向前擰翻形成拋物線，發勁時手腳齊到。

【實戰擊法】

1. 起勢即為原地鷹捉的運用。當對方以右拳或掌向我前胸或面門打來，我即以右拳截其右前臂外側，邊鑽邊向右外擰轉，發橫勁把對方右臂鑽離我之右肩外。

2. 此時，對方拳空勢散，身體失去平衡。我即借機上左步，出左手翻掌打其上臂或肩、身皆可將對方放出。

二、進步劈拳

1. 重心後移；兩掌變拳，左拳以肘帶拳，邊向外擰轉邊回拉收於臍之左側，拳心向上；同時，右拳向外擰轉成拳心向上，收於臍之右側；左腳亦同時拉回半步，使左腳跟靠於右踝前；目視前方。（圖1-2-9）

2. 左拳邊向裏擰，邊經心口鑽至頦下；目視前方。（圖1-2-10）

3. 左拳借腰右轉之力，外擰弧線鑽出，拳心向上，高不過眉；同時，借右腳後蹬力，左腳向前趟進一大步，右腳隨即跟進提起，靠於左踝裏側，成右提步；目視前拳。

（圖 1-2-11）

4. 上動不停。右拳外擰貼心口，鑽至左肘窩裏上側。
（圖 1-2-12）

圖 1-2-9

圖 1-2-10

圖 1-2-11

圖 1-2-12

5.上動不停。右拳借腰左擰之力，邊裏擰邊向前貼左前臂上側弧線劈出，高與心平，虎口向上；左拳同時以肘帶手，貼肋外擰回拉，收於臍之左側，拳心向上；同時，右腳向前趟進一大步，左腳後蹬，隨即跟進半步成樁步；目視前方。（圖1-2-13）

圖 1-2-13

【要領】

1.左拳外擰回拉，要與左腳的回撤同動同停。

2.動作3中左腳前趟要快，要遠，踩落要實；右腳跟進提步要穩，右腳尖翹起，腳掌與地面平行；上體「似正非正，似斜非斜」，借擰腰催臂，力貫前拳。

3.右拳擰轉至左肘窩裏上側是蓄力待發；莫聳肩，亦不得使拙力。

4.右拳擰轉劈出，著力於前臂；要進步遠，發勁快，手腳齊到。

【實戰擊法】

1.對方見我上左步，以左掌擊來，他退右腳以避來掌，隨即出左手，從下、從外向裏擄我左掌；我趁其擄握未實，迅即將掌變拳向外擰轉，以拿別其左腕；如對方擄握較實，我則借其力向左擰身，速撤左腳，同時向外擰拿別其抓握之手，使其失抗而撤開左手。

2.對方撤開左手並迅即向上翻手，以指尖戳我雙目；

我見其來手，迅即進左腳，提右腳，鑽左拳以鑽破其來手；趁其立身不穩，迅即趨進右腳，以右前臂銼其前臂，進而劈其前胸，將對方劈出數步之外。

三、退步劈拳

1. 右拳以肘帶手外擰回拉，收於臍之右側，拳心向上；同時，左腳後撤一步，成右弓步；目視前方。（圖1-2-14）

2. 右拳外擰貼肋，經心口向上、向前弧線鑽出，拳心向上，高不過眉；隨即左拳外擰，經心口鑽到右肘窩裏上側；同時，右腳前蹬撤回，靠於左踝裏側，成右提步；目視右拳。（圖1-2-15）

3. 左拳借腰右轉之力，邊裏擰，邊向前弧線劈拳，高與心平，虎口向上；同時，右拳以肘帶手，貼肋回拉，收

圖1-2-14 圖1-2-15

於臍之右側，拳心向上；右
腳亦同時借左腳前蹬之力，
向身後撤一大步蹉地踩落，
右腳尖方向與前進方向成
45°夾角，左腳亦隨之微
撤，兩腿成左樁步；目視左
拳前方。（圖1-2-16）

【要領】

1. 左腳後撤要把步放
開，並借左腳之慣性，右腳
隨之提起後撤，成右提步，

圖1-2-16

要與左踝貼緊站穩，也是蓄力待動；同時左拳鑽至右肘裏
側，亦為蓄力。

2. 右腳後撤要借重心後移和左腳前蹬之勁，動則周身
俱動，步退拳出，體現出「退也打」的技法和發勁。

3. 左拳劈出，著意在前臂。且兩拳一向前一向後，相
撐相撐，借右擰腰而發勁。且必須與右腳踩落上下一體。

【實戰擊法】

1. 對方被劈出後，又進身上右腳，用左手從左上方向
下摟我右拳，同時用右拳直取我天突穴；我則先撤左腳，
以避其右腳進逼，同時收回右拳，以避其摟。並提撤右
腳，鑽右拳截其右拳。

2. 對方見我右拳截其右拳，疾將右拳變掌，翻腕攏住
我右拳，同時進左腳，以左肘尖猛擊我右肋。我則向後移
重心，借身體向後撤和左足向前蹬的合力，收抽右拳；同
時借撤退右腳之機，躲開他進擊之肘；借右腳踩落反蹬之

勁和向右擰腰縱力，以左前臂劈其右上臂和前胸。因係挨身近打，退步反擊，對方緩手躲避不及。因其頂肘加上攦我之手被帶，使其身體前傾，我之左劈拳再斜向右前方發勁，將對方劈出。

四、疾步兩鑽拳

1. 左拳以肘帶手，貼肋外擰回拉，收於臍之左側，拳心向上；同時，左腳拉回半步，使左腳靠於右踝裏側；目視前方。（圖1-2-17）

2. 左拳裏擰，經心口後外擰向上弧線鑽出，拳心向上，高不過眉；同時，左腳借上身右擰、右腳後蹬之力，向前趨進一大步；隨之右腳跟進，落於左腳後側，重心在右腳；目視左拳前方。（圖1-2-18）

圖1-2-17　　　　　圖1-2-18

3.上動不停。左拳鑽出發勁後，迅即以肘帶手，貼肋外擰回拉至臍之左側；目光仍專注前方。（圖1-2-19）

4.當動作2的右腳跟進左腳，左腳迅即前趟一大步後，右腳跟進成右提步；同時動作3的左拳回拉至臍之左側後，迅即隨同左腳之前趟，同時，仍裏擰，經心口後，外擰上弧線鑽出，仍是拳心向上，高不過眉。（圖1-2-20）

【要領】

1.左鑽拳與上身右擰、左腳趟進踩落要身手一致，上下相隨，完整一氣。

2.左鑽拳從動到停，都要力達整個前臂；第一個鑽拳右腳跟進左腳後，左腳迅即趟進，發揮疾步連進作用；同時右腳跟進後，左鑽拳亦馬上回收，迅即連進第二個鑽拳。

3.第二個鑽拳所形成的提步是過渡動作，毫不停頓，並為下一動作的扣步後插做準備。

圖1-2-19

圖1-2-20

五、後插步斜下撐拳

1. 上動不停。借向左轉身，右腳貼左腳裏側向前進步，腳尖裏扣，重心仍在左腳；同時左前臂下沉，拳高與心平，右拳不動；目視左拳前下方。（圖1-2-21）

2. 上動不停。繼續借左轉身之力，右拳貼左前臂上側，拳心向下撐擊，拳高與胯平；同時，左前臂貼胸前向左肩斜上方拉起，拳心向上，小指側貼於左乳際；左腳亦同時經右腳跟向身體右側進一步，腳尖著地，腳跟向前進方向翹起；目視右拳。（圖1-2-22）

【要領】

1. 緊隨第二個鑽的左腳進步，迅即扣進右腳；同時右拳鑽至左肘窩上側，必須上下相隨，皆在蓄力待發。

2. 隨上動迅即插進左腳，撐右拳，亦必須做到手腳齊到，同一方向，上下一氣。

圖1-2-21

圖1-2-22

3. 此插步撐拳亦是過渡動作，毫不稍停，為下動轉身擰打做準備。

【實戰擊法】

1. 對方被我左劈拳劈倒爬起，我仍以劈拳姿勢不動，實中有虛，靜觀其動。彼見我左拳在前不動，便虛晃前手進左腳，以左手從下向上翻腕偷擄我左拳。我借其進身慣性，邊向外擰轉左拳，邊隨同左腳借向左擰腰以臂帶拳之力，同時回拉。

這一擰拳回拉看似無奇，但如對方擄我左腕握實，則這一擰拉，既起到「金絲纏腕」之拿，又起到捋手之擄，可以把對方拉別而倒。

2. 對方被拉別，身向前傾，不得不將左手撒開；我趁其站勢不穩，迅即用左腳前趟其左腿，同時用左鑽拳擊對方天突穴或下頜，如手腳皆著，彼必被放出而摔倒。

3. 如對方手快步活，見我進擊迅猛，急忙退步躲閃。彼退則我進，又疾進左腳仍用第二個左鑽拳以擊其胸部。

4. 對方急忙向我左方跨步躲開我的鑽打，同時出左拳打我左肋。我用左鑽拳下沉，以壓截其打左肋之拳，同時迅即出右腿偷進，用右腳尖扣其在前的左腳腳跟。

5. 對方迅即抬左腳，抽左拳退步躲避。我隨其後退左腳，左擰身後插左腳以跟進之，並以右拳擊其小腹。是借左臂斜上收，右拳斜下擊，兩拳相撐，以增大右拳打擊之力。

六、左轉身上步炮拳

1. 借左轉身之力，右臂以肘帶拳，邊外擰邊回拉，收於臍之右側，拳心向上；同時，左肘下落貼身，使左拳的虎口朝前，前臂屈於胸前；同時，左腳以腳掌為軸，右腳以腳跟為軸，向左轉體360°，仍向前進方向成左樁步；同時右拳亦隨之跟進，抵於左肘裏側；目視左拳前方。（圖1-2-23）

2. 上動不停。左拳及左前臂向前、向上、向裏、向左額方向擰撥，使左拳背貼於頭左側額角，拳心向前；同時，右拳邊裏擰、邊借身向左轉之腰勁，向前擰轉打出，虎口朝上，拳高與心平；左腳亦借轉身之力，同時向前趙進一步，右腳亦隨之跟進落於左腳裏後側；目視右拳前方。（圖1-2-24）

圖1-2-23

圖1-2-24

七、上步順勢橫拳

1. 左拳邊裏擰邊下落鑽至右肘下側。（圖1-2-25）

2. 上動不停。左拳邊外擰邊借身體右轉，邊沿右前臂下側向前翻轉擰出橫拳，拳高不過眉；右拳外擰，以肘帶拳回收，落於臍之右側，拳心向上；同時，左腳借右腳後蹬之力向前趨進一大步，右腳隨之跟進半步成左樁步；目視左拳前方。（圖1-2-26）

【要領】

1. 抽拳左轉身要腰借臂力，臂借腰力，轉腳擰胯，上下齊力；兩臂收回要裹束而蓄力。

2. 轉身炮拳要借轉身慣性，順勁而發；左拳及前臂要轉身用擰撥、掛化之勁，不得用擋、架之力；兩拳分撐，與左腳前趨要上下相隨，完整一氣。

3. 左拳下落至右肘下，是蓄力待發，不得聳肩、憋氣。

圖1-2-25

圖1-2-26

4. 左拳沿右前臂下翻轉擰出，是橫勁，卻不准露出橫之形態，關鍵在擰翻，即經云「起橫不見橫」是也。

【實戰擊法】

1. 我用右拳後插步擊對方小腹。對方用左前臂斜下撥砸我右拳，並就勢翻拳向上、向前擊我面門。我借其向斜下撥砸我右前臂之力迅即抽拳轉身，當其左拳上翻奔面部打來時，我用左拳撥掛化其左拳，同時上步、出右拳擊其左肋。

2. 對方疾退左腳，收壓左臂，連躲帶掛避開我右拳，同時迅出右拳擊我咽喉。當對方抽回左臂時，我亦將左拳下落至心口前以護身，彼右拳擊我咽喉，我則收右拳出左拳，從其右前臂下上穿其胸，上步發勁擊之。這是顧中有打、打中有顧的特殊技法，對方不識，即使用其前臂裏截，亦難逃被擊之運。

八、右轉搖身式退步鑽拳

1. 左前臂下擺，裏擰收向身前，拳心斜向裏；同時右前臂邊裏擰，邊向左前臂裏側下插落於腹前，拳心斜向裏；目視左前方。（圖1-2-27）

2. 以右腳跟為軸，借向右轉身之力，左腳經右腳前向身後裏扣腳尖，搖轉邁出一步；同時，左臂貼身向右，經頭前向上掄擺，至頭左側上方；右

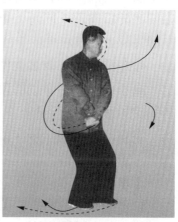

圖 1-2-27

圖 1-2-28　　　　　　　　圖 1-2-29

臂亦隨之向身右側、向上掄擺至頭右側上方，兩拳心斜相
對；目視右拳。（圖 1-2-28）

　　3. 繼續借右轉身之力，右拳在頭上，從後向前繞至頭
前，向下裏擰墜肘落至臉前，高與眉平，拳心向前；左拳
從上向外、向下以肘帶手裏擰回收，經心口鑽至右肘窩裏
上側，虎口向前；同時，重心後移到左腿，右腳提收並在
左腳裏踝上，成右提步；目視右拳前方。（圖 1-2-29）

　　4. 左拳經右前臂裏上側向前、向外擰轉鑽出，拳心向
上，高不過眉；右拳以肘帶手邊下壓、邊回拉、邊外擰收
於臍之右側，拳心向上；右腳亦同時向身後退一大步踩
落，左腳隨之後撤半步，使兩腿構成左椿步；目視左拳前
方。（圖 1-2-30）

　　【要領】

　　1. 從圖 1-2-27 至圖 1-2-30 要臂借腰力，腰借身轉，
步隨身換，身手協調，整個動作要一氣呵成。

圖 1-2-30

2. 兩臂在搖轉中，要借腰力使兩臂抻得開，掄得圓，甩臂發勁迅猛。上體不得前仰、後合或左右歪斜。

3. 兩臂在搖轉中，先後護腰身，繼而先後護胸、頭。要在搖轉中有顧有打。

4. 動作3是由旋轉變為直退，既要束得穩，又要變得快。退步鑽拳是退右腳，帶撤左腳，要退得快、踩得實，腳落發勁，力貫左拳。要發揮出「退也打」的威力。

【實戰擊法】

1. 對方被我鑽拳放倒後，起身猛撲上來，先是右手向上一晃，左拳直奔我心窩打來。因其來勢兇猛，想泄其氣於退避中反擊，故我下擺左臂向身前回收，以掛開其來拳，同時下插右前臂以護心。

2. 對方一拳落空，接連進步，又出右拳猛擊我左肋。我疾向右轉身，運用「搖轉步」，借掄左臂帶右臂，使右臂向身右側掄擺，再將其右拳撥開。

3. 對方見前後兩拳都未打中，急不可耐，疾步進身，以雙掌向我撲來。我借轉身撤步成右提步時，兩拳正好一前一後束手胸前（動作 3），見其兩掌撲來，借其向前、向下之力，我退右腳，撤左腳以泄其疾步進身之凶，右擰身並將身前右拳邊下壓，邊回收，使其雙掌因擰身、壓撥而落空，身體亦因之不穩而前傾。與此同時，我用左鑽拳稍向右發勁，擊其上臂和前胸，彼便因之斜滾而摔出。

九、進步右劈拳

1. 左拳借左擰身之力，邊外擰，邊以肘帶手回拉，收於臍之左側，拳心向上；同時，左腳回收於右腳裏踝前；目視前方。（1-2-31）

2. 左拳貼肋邊裏擰，邊上鑽，經心口至頦下。（圖1-2-32）

3. 左拳外擰，從心口前向前上方鑽出；同時，借右腳

圖 1-2-31

圖 1-2-32

圖 1-2-33

圖 1-2-34

後蹬之力，左腳向前趟進一大步，右腳亦隨之跟進提起靠於左踝裏側，成右提步；目視左拳前方。（圖 1-2-33）

4. 右拳外擰貼肋，經心口貼左前臂上側，邊裏擰，邊向前劈拳；左拳同時外擰回收至臍之左側；右腳同時借左腳後蹬之力，向前趟進一大步，隨即左腳跟進半步成右椿步；目視右拳前方。（圖 1-2-34）

十、轉身左劈拳

1. 借左轉身之力，右拳經身右側向上，經頭上繞至頭前，虎口向下；同時，右膝及右腳尖裏扣，兩腳成內八字形；重心微前移；目視左肩前方。（圖 1-2-35）

2. 繼續借左轉身之力，右前臂於頭前下落至眉平；同時，左拳邊外擰，邊經心口上鑽至右肘窩裏上側；同時，重心移至右腳，左腳跟回收至右腳裏踝前，目視前方。（圖 1-2-36）

圖 1-2-35　　　　　　　圖 1-2-36

3. 左拳貼右前臂上側，邊裏擰，邊向前劈出，拳高與心平，虎口向上；右拳以肘帶拳，回收於臍之右側；左腳亦同時邁出一步，構成椿步；目視左拳前方。（圖 1-2-37）

【要領】

1. 回收左拳、左腳，要上下束而為一；起鑽左拳至頦下，即「虎抱頭」的具體運用。

2. 提步鑽左拳，要使出左拳與落左腳、提右腳上下合一。擰腰縱力，不可左斜右歪。

3. 劈出右拳要著意在前臂，是「斧」之斧刃，發勁的關鍵是要借腰勁，手腳齊到。

4. 回身劈拳，關鍵在於扣步、擰腰與上繞臂動作，通體完整，步隨身換。

5. 原地左劈拳前的轉身、收右腳、鑽束左拳是為了蓄力待發。但毫不停頓，要借左轉身之力及右臂向下回收之

圖 1-2-37

圖 1-2-38

力，擰腰劈左拳，即借左右相輔相成之勁，再加上左腳，上下齊到，故此劈拳雖原地發勁，卻能迅猛剛實。

到此六合拳前半趟已練完。如再練後半趟可接練：二（進步劈拳）、三（退步劈拳）等順序練下去，動作與前半趟相同，只是方向相反。後半趟再練到頭，做回身左劈拳（圖 1-2-38）即可收勢。

【實戰擊法】

1. 把對方打倒後，我將左拳、左腳收回，彼爬起，欲以雙撞掌向我胸前打來。我趁其手出勁尚未發之機，後蹬右腳，趟進左腳，以左鑽拳截其前臂外側，亦截亦打。

2. 對方被截打跟蹌後退；我就勢迅即右腳趟進一大步，以右劈拳追擊之。

3. 對方就勢向我左方一轉身，不僅躲開我右劈拳，且轉到我身後，掄起左臂向我面門打來。我扣右腳回身，右臂由頭上擺下破其掄打，接著用左拳劈其頭、胸。對方轉

身掄打被破，身手不合，步不穩，被這出乎意料的一劈，仰身倒地，鬥志全無矣。

十一、收　勢

1. 上揚雙臂，拳心斜向上；目視左拳。（圖1-2-39）

2. 上動不停。以兩肘為軸，兩前臂向胸前合攏，成拳面相抵；目視左前方。（圖1-2-40）

3. 兩拳相抵，貼胸前向下，沉於丹田。（圖1-2-41）

圖1-2-39

圖1-2-40

圖1-2-41

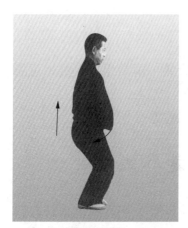

圖 1-2-42

圖 1-2-43

4. 身左轉，右腳前移與左腳併齊。（圖 1-2-42）

5. 兩拳自然鬆開，落於體側；同時直膝立起。（圖 1-2-43）

形意八式拳的技與擊

尚雲祥先生祕傳

拳經語云：撥為勁起，平為手心朝裡，朝外為劈鶴田沱人未見神藏束去神悟。

為此八式拳揭示勁脆捷法手友勁和速種丟實的持點弓行誤中打擊以求

中國雲東滿拯愛新

【要領】

1. 動作要沉著、鬆、靜。

2. 兩臂上揚時可做一次深吸氣，兩拳相抵下沉，可隨之呼氣，氣沉丹田。

3. 待心靜、氣穩時再併步、起立。

第三節　形意八式拳

形意的八式拳是流傳較廣、深受人們喜愛的傳統套路拳之一。它具有見手就打、迅猛剛實、招招發勁的特點。其動作比其他套路拳伸展的尺度似乎要小，但是它變手變勁的動作卻比較多。僅是一手離身之後，在身外再變手發勁以應用的擊法，就有八處之多，充分體現出形意「手去不空回」的技法特色。因之看其動作似乎簡單，但想練出它每式的應有勁來並不容易。如能練到「上下相隨，內外合一，周身完整一氣」，就更難能可貴了。於是，人們多感到練它比練其他傳統套路拳要吃力一些，這也說明它的難度和強度較大。

為了明其理，以精其技，有必要先正其名。有人把此拳叫做「鷂形八式」，可能因為它的起勢是「鷂子入林」，回身是「鷹鷂回頭」的緣故。其實這是誤解。因為除起勢、回頭以外，在整個套路中的其他動作都與鷂形毫無關係，也就是說這個套路拳只採納了鷂形的兩個動作而已，故而不應該說它是什麼「鷂形」八式。

另外，如形意套路拳中的「十二洪捶」，它的起勢也是「鷂子入林」，回身也是「鷹鷂回頭」，其他動作也和

八式一樣與鷂形毫無關係，可能由於會練的人少些，就沒有人管它叫什麼「鷂形」十二洪捶了，這就是佐證，說明八式冠以「鷂形」之說是不合適的。

八式這套拳是要在經過基本功、五行拳和連環拳的鍛鍊之後才學練的，因為有了一些練功的基礎，就易於利用「八式」變手、變勁多的特點，以求在動作的變化中去練手法和找勁，從而也便於去掌握和運用套路中一些具有實戰效果的擊法。

經驗證明，初學形意拳的人，當他能夠練好八式以後，是會明白一些所見到的手法，而且身上的「活兒」也多了，也能知道怎樣去找勁，或懂得怎樣去練發勁了。但是，事實上還有許多同好練八式的效果，還不是這樣，這就需要探討了。這也就是著者所要闡述的目的。

本文所講八式拳的技與擊，是從動作和勁路談起的，以至談到各動作的實戰擊法，雖然形意拳的技擊突出的特點是講找勁、發勁，不著重講招法，特別是尚雲祥先生晚年所教的形意拳尤其是這樣。但是，練武術就是講究技擊的，練動作就應該先明白它的技擊涵義，這該說是起碼條件。何況學練武術的進程和造詣是有階段性的。因之，要講技擊，特別是在練形意拳的初步階段，尚未能找到勁或不會發勁的同好們，在實用中能明白動作的技擊作用，以至能實際運用，顯然這也是必要的，應該研究與掌握。

當然，只滿足於瞭解動作的技擊作用，並能用招法制敵，這還遠遠不夠，僅是小乘法而已，還必須更進一步地去練功找勁，以求掌握形意拳「拳無拳、意無意，無意之中是真意」的妙諦，向更高深的技術境地邁進，這也是我

們形意拳愛好者的共同追求。

　　本文旨在對八式拳的技與擊作剖析，當然就是要根據八式拳所固有的動作來作分解。但就武術的技擊來說，應該是隨機應變、見招破勢而不允許拘泥於成法的。因此，我們學練八式拳擊法應和學練其他拳的擊法一樣，既要學其法，又要明其理，必須舉一反三，經過消化而後再加以運用方可。

　　這裏所介紹的八式拳的動作和擊法，是根據尚雲祥先生晚年所教授的套路為準。因為形意的八式拳雖為傳統套路，流傳亦較廣，但練法未盡相同，且在書刊上又未公開發表過。而尚派的八式拳與一般練法、勁路有較明顯的不同，可以說別具特色，尤為人們所少見，故此寫出，以供同好們採擇參考，以期廣為流傳。

形意八式拳動作名稱

一、起勢

二、左提步束身，順步左炮拳（鷂子束身入林）

三、扣左把右崩拳（黑虎掏心）

四、退步橫撐掌（烏龍翻江）

五、順步右崩拳（右青龍出水）

六、倒步劈掌抔把崩拳（烏龍攪水）

七、退步撐、擄束身（熊坐窩）

八、進身右順步炮拳（右入林）

九、撥收挑燈

十、沖拳蹬腳（龍虎相交）

十一、順步左崩拳（左青龍出水）

十二、進步右劈拳

十三、退步上撥雙分拳（白鶴亮翅）

十四、退步順式炮拳

十五、進步右劈拳

十六、橫褶擠步右肘打（上步抖翎）

十七、穿拳撐肘回身（鷹鷂回頭）

十八、收勢

形意八式拳動作説明

形意八式拳運動路線呈直線，前半趟與後半趟動作相同，方向相反，故本節只講解前半趟及回頭和收勢。

一、起　勢

1. 身體自然直立，頭頂項直，下頜微收；兩臂自然下垂，兩掌心向內，貼於兩腿外側；兩腳跟併攏，兩腳尖分開45°左右；目視前方。（圖1-3-1）

2. 兩掌變拳，右臂經身側向前、向裏擺出，弧形裏扣前臂，拳心斜向右下；同時，左臂屈肘，使左拳由身側從下向上畫弧，平胸後前臂裏扣，拳

圖1-3-1

45

圖 1-3-2

圖 1-3-3

向裏擰，拳心向下，置於心口前；目視右拳（圖 1-3-2）。

3. 右前臂向上、向外翻擰回帶，使右拳收於臍右側；左拳經心口和右肘裏側，邊外擰邊向前下衝擊，虎口向上；同時，併膝下蹲，向右擰身，使左腳邁出一步，右腳尖隨之微外擰，兩腿前四成勁，後六成勁，勢低於三體式，上體前傾；目視左拳前方。（圖 1-3-3）

二、左提步束身，順步左炮拳
（鷂子束身入林）

1. 左拳邊裏旋邊向前、向上抬起，高與胸平，拳心向下；右拳邊裏旋邊向前、向上沖出與左拳併齊；同時，前墊左腳，右腳後蹬，隨即跟進提起成右提步。（圖 1-3-4）

2. 雙拳同時外旋，擰臂回拉至臍之兩側，拳心向上；同時，右腳向前趨進一大步，左腳後蹬，隨即跟進提起成左提步。（圖 1-3-5）

圖 1-3-4

圖 1-3-5

圖 1-3-6

圖 1-3-6 附圖

3. 腿不動，腰邊向左擰；同時，右拳貼身邊外擰邊前鑽，抱於身前，虎口向前；左拳同時邊外擰邊跟在右肘裏側。（圖 1-3-6、圖 1-3-6 附圖）

4. 右前臂邊裏旋邊向右上方翻轉右拳，使拳背貼於右

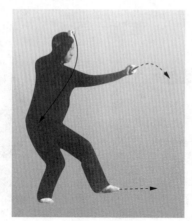

圖 1-3-7

額上；同時向右擰腰，使左拳邊向裏擰邊借腰力向前沖拳，高與胸平，虎口向上；左腳則同時向前趟進一大步，右腳後蹬，隨之跟進半步成左樁步。（圖 1-3-7）

【要領】

1. 圖 1-3-3 是「鷹鷂回頭」的定勢，也是「鷂子入林」的起勢，要下勢低身，但不得凸臀。上體前傾，要項豎頭頂，提起精神。左臂前探要抻開「三星」（即肩窩、肘窩和腕窩）。要有探身欲入之勢，又有傾神注目之威。

2. 在「鷂子束身入林」的動作中，有左右兩個磨脛提步，提步時必須腳尖翹起，雙膝夾緊；進步時既要輕快又要穩實。

3. 雙拳前探，要儘量抻長，但必須沉肩墜肘，身體亦前探，但毫不失重。「鷂子束身」要使兩臂、兩腿上下束而為一。「鷂子入林」的順步炮拳，必須右臂在前，左臂在後，兩肘相裹既是蓄力待發，又是顧中有打。要借蹬步

撐腰,向右上翻轉右拳,向前撐轉左拳,趟進踩落左腳,使周身一體以發勁。

【實戰擊法】

1. 如對方以右拳擊我小腹,我則如圖1-3-2,前伸裹右臂以格之。對方如又以左拳擊我心口時,我仍用右拳向上、向外翻轉前臂,把對方來拳撥開,同時左拳從右臂下撐出,直打對方陰部。

此動,已離身之右臂既做裹裹以格開來手未空回,又做外翻以撥開對方擊心之拳。此即離身之手不空回,變手變勁應用之一。

2. 如對方退步躲避時,我則用墊左腳上右腳、磨脛疾步以進的「鷂子束身入林」式追擊之。當右腳落地左腳已提起要進擊時,對方乘我動中不穩,突然出拳向我面門打來。我以在前的右前臂裹肘以迎之,當接觸到來拳時,迅即撐腰上步,同時向右上方翻轉右拳,撥開來拳,又同時撐轉左拳直打對方胸膛。

三、扣左把右崩拳(黑虎掏心)

1. 左拳變掌向外再向裏扣,翻轉前臂,使左掌心向下,抓握成拳;同時,左腳墊進半步成左弓步;右拳則同時由額前撤收至臍右側,目視左拳。(圖1-3-8)

2. 右拳貼身經心口,從左拳上向前撐轉崩出,左臂不動;同時右腳跟進一步,成崩拳步。(圖1-3-9)

圖 1-3-8　　　　　　　　圖 1-3-9

四、退步橫撐掌（烏龍翻江）

　　右腳後撤一大步成左弓步（圖 1-3-10）；左拳變掌，前臂邊外撐邊弧形前翻，掌心向上，高與肩齊；右拳貼左前臂、心口邊回撤，邊向外撐翻，亦同時變掌落於臍右側，掌心亦向上；同時，左腳經右腳裏側撤至右腳後方半步處，踏實落地，腳尖向前，重心在左腿；目視左掌前方。（圖 1-3-11）

五、順步右崩拳（右青龍出水）

　　兩掌同時變拳，右拳邊外撐邊經心口鑽至左肘窩裏側；同時重心微前移，蓄力待發（圖 1-3-12）；繼之右拳邊裏撐，邊從左前臂裏上側向前崩出，拳高與心齊，虎口朝上；左拳則同時外撐回拉落於臍之左側，拳心向上；同時，右腳趨進一大步，左腳後蹬，隨之跟進半步成右樁

圖 1-3-10

圖 1-3-11

圖 1-3-12

圖 1-3-13

步。（圖 1-3-13）

【要領】

1.向裏翻扣握左拳，下落右拳與左腳向前墊進，要手腳齊到，上下合一。

2. 壓左把打右崩拳要借擰腰跟步以發勁。

3. 退步橫撐掌，要著意於拇指外側，做到「起橫不見橫」的技術要求。兩腳交替後退既要連貫又要快速完整，要借擰腰發勁。雖然是步向後撤，而勁卻要向前發。這就是形意拳所要求的「退也打」的技法鍛鍊動作之一。

4. 順步崩拳的右拳先屈臂蓄力，借抖腰上步而發，要上下配合，手到腳到。

【實戰擊法】

1. 如我左炮拳被對方用左跨步躲過，並進右步以右拳背橫擊我右耳時，我則墊左腳，同時以身前之左拳變掌，向右下方撥扣其右拳，隨即跟進右腳，以右崩拳從我左拳上打其胸。

此動，打出的左炮拳雖未擊中，但不空回，當對方擊我右耳時，我則變掌撥扣來拳。這是手去不空回，變手變勁應用之二。

2. 如對方以左手抓住我右崩拳時，我則撒開左手，撒身後退，同時右拳向外翻轉，向後回掙，左手亦向外翻轉撥其手腕。我以兩手相反的翻撥擰掙，又在退步加大掙力的配合下，不僅破開其抓握之手，且將其手撥向其身右側，便於我上步用右崩拳擊其左肋。

此動，我離身之左手先撥扣對方右拳，未空回，又變橫撐掌破對方抓我之手。這是手去不空回，變手變勁應用之三。

六、倒步劈掌捯把崩拳（烏龍攪水）

1. 右拳在上、前臂帶動下，邊回拉邊裏擰；貼身後經

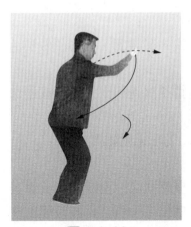

圖 1-3-14

圖 1-3-15

心口又邊外擰，邊向上、向前
鑽出；同時右腳撤回貼於左腳
裏側，成右提步；目視右拳
（圖1-3-14）

　2. 左拳外擰經心口、右肘
窩變掌，向前下方弧形劈出，
掌根與肩同高，掌心向右，指
尖向上；右拳同時以上臂帶前
臂使右拳迅速回拉，落於臍的
右側，拳心向上；同時，右腳
落地，左腳提起，成左提步。
（圖1-3-15）

圖 1-3-16

　3. 右拳經心口、左肘窩邊裏擰邊向前崩出，虎口向
上，拳高與心齊；左掌按於右脈門；同時，右腿後蹬，左
腳前趨一步，右腿隨之跟進，成崩拳步。（圖1-3-16）

【要領】

1. 兩個提步的倒換，既要快，又要實，故必須做到活腰以帶步。

2. 左提步的劈掌必須與右鑽拳緊連而出，要形成連珠一氣。

3. 最後的崩拳要周身完整一力，迅猛剛實。

【實戰擊法】

1. 如對方上左步，以左手攔壓我之右崩拳時，我就其力向下、向回擰撤右掌，使其攔壓之手落空。同時彼上左腳，我則提撤右腳，並趁其近身尚未站穩之機，借右腳提步抖腰之勁，使我撤回之右拳再貼身縱力鑽出擊之。

2. 對方如以右手向左撥我右拳，我的左掌則隨右鑽拳連出，正好順勢見空擊其右胸部，並借右腳的踩落和左腳的提步，擰腰以助左掌之發勁。

3. 對方遭連擊必退步躲避，或被掌打出，我則發揮「追風趕月不放鬆」的技法，迅即前進一大步，並以右手崩拳追擊之。這是趁對方退避中的打，或是對方被擊失重中的打，無論對方用何招遮攔，也不論我觸及其身體何部位，只要這一拳能發勁，對方必被打跌出。如拳經所說的「硬打硬進無遮攔」的效果，在這類進擊中體現得最明顯。

此動，原已打出的左掌未收回，而是變成橫撥之勁，按於右崩拳前臂裏側，實則是撥對方攔阻之手為右崩拳開路的。此即離身之手變手變勁之四。

七、退步擰、擄束身（熊坐窩）

1. 左立掌移向右拳前上方；同時，重心後移，右腿撤

圖 1-3-17

圖 1-3-18

後一大步，成左弓步。（圖 1-3-17）

2. 左掌由前向下扣握變拳，並與右拳同時外擰、回搊，使兩拳收束於臍之兩側，拳心向上；同時，左腿回撤，使左腳跟靠於右腳裏踝骨處。（圖 1-3-18）

八、進身右順步炮拳（右入林）

1. 左腳前趙一步，右腳後蹬，隨之跟進提起成右提步；同時，腰右擰，左拳邊外擰邊前鑽於身前，拳眼向前；右拳邊外擰邊貼身靠近左肘裏側。（圖 1-3-19）

2. 左前臂邊裏擰邊向左上方翻轉左拳，使拳背貼於左額上；同時，向左擰腰，使右拳邊向裏擰邊借腰力向前沖拳，高與心平，虎口向上；右腳則同時向前趙進一大步，左腳後蹬，隨之跟進半步成椿步。（圖 1-3-20）

【要領】

1. 退步搊手要快，要穩，要身手一體。

圖 1-3-19　　　　　　　　圖 1-3-20

2. 進身右提步，兩臂是蓄力待發，不要停頓，要與進身的順步炮拳連貫完整，一氣呵成。

【實戰擊法】

1. 我的右崩拳如進攻仍受阻，對方攔捌之力較大，我則借其攔捌之力，撤右腳，左手立掌攦其攔捌之手或前臂，右拳則向外翻腕，雙手合力，於撤右腳之同時退手後攦，使對方失重而向前撲倒。

此動，先出的左掌又變成攦手回拉，此即變手變勁之五。

2. 當攦手因對方身沉力猛我未能攦動而被其掙脫時，我則就其後掙之力上步進擊。當我剛一上步，對方卻突然出拳擊我咽喉。我則貼身鑽左拳，橫住對方來拳，並在束身提步中蓄力，迅即趟進一大步，同時翻擰左臂撥開來拳，腳踏中門，直插中襠，以順步炮拳猛擊之，對方自會著拳跌出，或受震擊而傷。

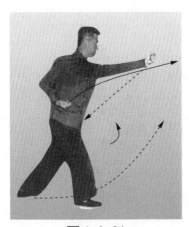

圖 1-3-21　　　　　　　圖 1-3-22

九、撥收挑打

　　右上臂帶動右拳向外、向上、向裏、向下擺扣右前臂於胸前，接著外擰回拉收於臍右側，拳心向上；左臂從身後側向下經身左側向前、向上挑打；借重心前移向右擰腰以發勁；目視左拳前方。（圖 1-3-21）

十、沖拳蹬腳（龍虎相交）

　　右拳貼心口，經左肘窩向裏擰轉崩出，虎口向上，高與胸齊；左拳外擰回拉收於臍之左側；同時，右腿微屈，左腳蹉地向前上方迅猛踢起，高不過胯，腳心向前力貫腳跟；目視前方。（圖 1-3-22）

十一、順步左崩拳（左青龍出水）

　　右腿後蹬，重心前移，左腳向前下方踩落，隨之右腳

跟進半步成崩拳步；同時，左拳外擰貼心口，經右肘窩向裏擰轉崩出，高與心齊，虎口向上；右拳邊翻轉外擰，邊回收於臍之右側。（圖1-3-23）

圖1-3-23

【要領】

1. 左拳挑打要借向裏擺扣右臂、轉身抖腰之勁。要左右相輔。臂借身力。

2. 蹉蹬左腳，沖擊右拳，要手腳齊到，勁整而實。

3. 踩落左腳與打出左拳，要向前欺身，上下相隨，腳落拳到。

【實戰擊法】

1. 我右手炮拳如被對方用右手向左撥開時，我右拳隨即變勁向裏圈臂扣腕，纏壓對方之手，同時重心前移掄挑左臂，用拳挑打對方心口鳩尾穴和脅下（章門穴）。

此動，右拳亦未空回，變手而破對方防護之手，而助長左拳挑打之勁。此即離身之手變手變勁之六。

2. 當我左拳又被對方屈臂用右手向下、向右撥開或用右手抓住時，我則用左腳蹉地向前蹬踢對方的前腿或襠下，同時左拳向外擰轉手腕回拉掙脫被抓之手，又加大右拳前擊之力，直打對方心口。

3. 對方如躲開我左腳並以左手抓擄我右腕時，我迅即重心前移，右腕外旋以別對方之手，同時左腳向前踩落，左拳以右拳上向前崩出，使身借左腳向前踩落之力加大左

崩拳之發勁。或如對方退步躲開我右拳，又用右手抓托住我蹬出的左腳，我則借重心前移加大左腳向前蹬落之勁，以掙脫對方之抓托。同時我右拳向外旋腕晃其面門，左拳乘機從右拳上崩出猛攻其心口。

此動，已擊出的右拳也未空回，既破被抓擄之手，又加大左拳崩出之勁。是為離身之手變手變勁之七。

十二、進步右劈拳

1. 左拳邊外擰邊回拉，收於臍之左側。（圖1-3-24）

2. 左拳貼心口外擰鑽出；同時，右腳後蹬，左腳前趟一大步，右腳隨之跟進提起，成右提步。（圖1-3-25）

3. 右拳外擰貼心口，經左肘窩向裏擰轉，向前劈出；同時，左拳外擰回收，靠於臍之左側；右腳則同時向前趟進一大步，左腳後蹬，隨即跟進半步，成右三體式步；目視右拳前方。（圖1-3-26）

圖1-3-24

圖1-3-25

圖 1-3-26

【要領】

1. 上身提步鑽拳，要上下協同，蓄力以進。

2. 經云：「劈拳之形似斧屬金。」因前臂等於斧刃，故進步劈拳發勁，必須著意於前臂。要借腰力，並要手腳齊到。

【實戰擊法】

1. 如我的左崩拳被對方用左手向右撥開，順勢用其右拳向我左肋打來。我外旋左腕，向下、向裏沉肘時壓撥對方右拳，使之落空。如此時對方突然又翻左手，用掌背向我打來，我則用左臂貼身，提步前鑽其左臂。用「起為鑽」「起橫不見橫」的擊法，借上身蹬步之整勁，將對方的左臂、左掌橫至其體右，使其身亦向右傾轉，致使他的右拳想打也打不出。如我方「起橫不見橫」的勁找得好，且能「沾身縱力」，則這一「鑽」即可使對方失重而被放出。

2. 如我之鑽拳僅將對方左掌鑽開，而未能把身體放

出，則可再使我之右腳迅疾地向前趨進一大步，用右拳及前臂向對方左胸部擊而發之。如對方左掌被鑽開時，其重心已不穩，則這一劈拳雖僅著在對方臂部，而未打著胸部亦可將對方放出。如我方發勁能找其重心，再能力透脊背，則放出得會更遠。這就是經云「肘打去意占胸膛，起手好似虎撲羊」。因為用的是前臂發勁，故前輩們才有「劈拳肘打」一說。

十三、退步上撥雙分拳（白鶴亮翅）

1.右拳從前向下、向裏擰裹收至腹前，拳心斜向右；同時，左拳邊向下邊向右臂裏側下插，拳心斜向左，使兩拳腕部交叉腹前，右腕在外。（圖1-3-27）

2. 上動不停。借長身、抖腰之勁，使兩臂從下經身前向頭上兩側抖開；同時，後撤左腳成右弓步；目視右拳。（圖1-3-28）

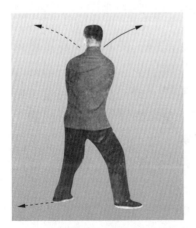

圖1-3-27　　　　　圖1-3-28

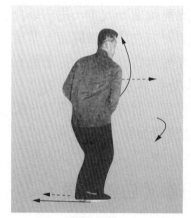

圖 1-3-29

圖 1-3-30

3. 上動不停。雙臂向頭上左右側抖勁後，繼續向下弧形收臂，使雙拳緊收於腹前，拳心向上；同時，右腳後撤，提起靠於左踝裏側成右提步；目視右前方。（圖 1-3-29）

十四、退步順式炮拳

身體右轉，重心後移，左腳前蹬，使右腳向身後跐落一大步，左腳隨即向後跟撤半步成樁步；同時，右拳貼心口外擰鑽起，隨即邊向裏擰轉前臂，邊向右額頭撥滾，使拳背貼於右額頭，拳心斜向前；左拳則同時貼心口起鑽，邊向裏擰轉前臂，邊借身體右轉、撤步抖腰之力，擰拳向前打出，高與心齊，拳心向下；目視前方。（圖 1-3-30）

【要領】

1. 退步白鶴亮翅，既然叫「亮翅」，就不是「併翅」，故尚先生所教的這一動作是向頭上兩旁發勁的，是

鍛鍊其他動作所沒有的向上方抖腰發勁的技巧。而不採用併臂砸手背的動作。

2.「亮翅」要借退步抖腰而向上發勁，故拳之上抖與步之後撤，必須上下一體，完整一氣。

3. 雙拳下落收腰與撤身提步也要相合，束而為一。束就是為了展，也是為了蓄力待發。

4. 退步炮拳要借向右擰身向後坐腰，左腳向前蹬，右腳向後跐，待腳跟落地後，又有前蹬之勁，藉以發揮步向後退、勁向前發之效。

5. 雙拳是借擰腰、向裏旋腕與腳落地同時發勁，以求上下完整一力。

【實戰擊法】

1. 如對方右跨步閃身躲開我之劈拳，並上左步，蓋其左拳向我頭上砸來時，因他上左步，我亦退左步，同時右拳回收，兩拳在腹前相鎖。借退步抖腰向上擺雙臂發勁，以破其砸來的左拳。實際只是用右臂破其拳，而左臂同時上擺是為了趁勁並助長我右臂之發勁。

2. 對方左拳落空，又上右步，出右拳直打我之面門。我則借上擺後下落之拳收腰提步，彼進則我退，同時向上擰轉右臂化其來拳，左拳亦同時向裏扣攻其前胸。這也是形意拳中退也打人發勁的技法。經云「進也打，退也打」，正指此類技法。

十五、進步右劈拳

1. 上體左擰，重心後移；右拳臂屈肘向前伸出，拳心仍向前；左拳以肘帶手邊向外擰轉，邊回拉收於臍之左

圖 1-3-31

圖 1-3-32

側，拳心向上；左腳拉回半步，使左腳跟靠於右踝前；目視前方。

上動不停。左拳邊裏擰邊貼心口，從右肘上鑽出，高不過眉；同時，右拳邊下摟邊外擰，收靠於臍之右側，拳心向上；左腳亦同時向前趟進一大步，右腳後蹬，隨即跟進提起靠於左踝裏側，成右提步；目視左拳前方。（圖1-3-31）

2. 上動不停。右拳外擰貼心口，經左肘裏上側，邊裏擰邊向前弧線劈出，高與心齊。虎口向上；左拳以肘帶手，貼肋向下回拉收於臍之左側，拳心向上；同時，右腳向前趟進一大步，左腳後蹬，隨即跟進半步成左椿步；目視前方。（圖1-3-32）

十六、橫襠擠步右肘打（上步抖翎）

1. 腰向右擰，同時右前臂外擰回裏，使右肘貼肋，右

圖 1-3-33　　　　　　　　　圖 1-3-34

拳含於胸前，拳心向上；左前臂外擰，貼右前臂下側鑽
出，拳心向上；同時，右腳亦回拉，腳跟靠於左踝裏側；
目視前下方。（圖 1-3-33）

　　2. 上動不停。借腰左旋之力，右前臂裏擰外撐，與地
面垂直，力點在右前臂外側，拳心斜向右；左前臂屈肘邊
裏擰邊上撐，左拳停在頭的左上方，虎口朝前下方；同
時，右腳要借向左擰身、左腳蹬進之力，橫褶擠進，外蹉
腳跟，踩實落步，力達右腿和胯的外側，同時，左腳隨之
跟進半步，成半馬步，重心在右腿；目視右前下方。（圖
1-3-34）

十七、穿拳撐肘回身（鷹鷂回頭）

　　1. 右拳借向左擰腰之勁，貼肋向前、向外擰臂穿出，
拳心向上，高與胸齊；同時，左前臂屈肘邊外擰邊裏裹而
下沉，虎口向前，使兩前臂交叉於胸前；重心隨右臂之前

圖 1-3-35

圖 1-3-36

鑽移至左腿，成左弓步；目視雙拳。（圖1-3-35）。

2. 右前臂借向右擰腰之勁，經臉前邊裏擰邊上撐，使右拳撐至頭右側眉上，虎口朝斜下方，與臉相對；同時，左前臂邊裏擰邊向左肋裏扣，使左拳面抵於左肋上；重心隨撐右拳移到右腿上；目視右拳。（圖1-3-36）

圖 1-3-37

3. 上動不停。上身左轉；右拳邊外擰邊從後下夾，經右肋搓夾於臍之右側，拳心向上；同時，左拳沿左肋、胯，邊外擰邊向前抖擊，虎口向前上方；上身隨後夾左抖之勁而向前傾身下蹲；眼神亦必須隨之從右上方迅疾回頭轉視前下方。（圖1-3-37）

【要領】

1. 除圖 1-3-30 是右拳在頭前上方外，上步鑽、劈拳的動作和要領與圖 1-3-25、圖 1-3-26 同。

2. 撤步裹肘是束身以蓄力，要手腳動作合一，勁意內含。

3. 右跨步抖翎既是橫跨進身，踩步肘打，就必須要借向右橫跨步進身抖腰之勁，使手腳齊到，力貫右前臂。這正是「臂借身力而力大，身借臂而力得發」。但必須做到周身完整一氣方能得逞。

4. 鷹鷂回頭的左撐身，裹左拳、穿右拳必須要束身，含勁並要寧神。向右撐腰上撐右拳謂之「望眉」，必須與再向左回頭動作迅速連貫，要練出鷹鷂回頭的精神來。

【實戰擊法】

1. 當我左手炮拳被對方右手回帶所截，復出左拳擊我心口時，我借右臂在頭前之便，向前、向下擄扣其左腕，上身提步，用左拳鑽其頦下，或天突穴。如鑽拳再被對方右手所攔，我則用右劈拳順我左臂壓彼右手，當胸劈擊之。

2. 對方見我進步劈擊，勢猛力大，則退步避之，並以左手擄我右腕。我則趁其擄力未實之際，向回縮步，並向後方撐帶右腕而束之於胸前，以備對方擄勢或使對方怕被帶倒而向後縮身時，我則乘其勢不穩，或掙手向後縮身之際，迅即橫跨步進身，踩步撐抖右前臂，擊其腰、胯或肋、腹。如用之得機得勢，對方必被擊倒。用此式時，左臂向斜上方撐撐，正是為了兩臂相反相撐，且加大右臂向前下方抖擊之力。

3. 「鷹鷂回頭」多用在對方用快手連擊我頭部時，我

則向前穿右拳，同時向裏裏左拳以截對方第一來手。當對方來第二手時，我則用穿出的右拳掩頭上掛，右臂同時下掩前穿，迅即扭頭進身發勁或單手或雙手。或肘或臂，哪兒沾哪兒打，如拳經所說「或把或拳望著就是」，則對方快手失靈，抵禦無能矣。

圖 1-3-38

此動，右手穿出之拳，出不空回，既掛對方之擊，又助斬夾進身攻擊之力。此即變手變勁之八也。

至此，八式拳前半趟已練完。如練後半趟就可接練二（左提步束身，順步左炮拳）、三（扣左把右崩拳）……循上述順序練下去。動作相同，只是方向相反，後半趟再練到回身，如圖 1-3-38，即可接做收勢。

十八、收　勢

1. 身體由前傾身下蹲，變為樁步「尾閭中正」；同時，右臂由下向右、向上弧形揚起，拳心向上，拳高與眉齊，目光注視左拳；同時，左拳邊外擰邊向上抬起，與右拳同高，拳心亦向上。（圖 1-3-39）

2. 身、腿不變；兩前臂裏合，兩拳經體前，拳面相抵，沉於胸前；目視前方。（圖 1-3-40）

圖 1-3-39

圖 1-3-40

3. 身、腿不動；兩拳相抵貼身，繼續下沉至臍下丹田處；目視前方。（圖 1-3-41）

4. 兩拳不動，轉身面對前方；重心前移，右腳上步，仍蹲身與左腳併齊；平視前方。（圖 1-3-42）

圖 1-3-41

圖 1-3-42

圖 1-3-43

5. 兩拳變掌，兩臂自然下垂，使兩掌落於兩腿外側；兩腿立直；目視前方。（圖 1-3-43）

第四節　形意十二洪捶

十二洪捶是形意拳傳統套路中盛傳於河北、深受前輩們珍視的拳套之一。因其整個套路的動作都用拳，故叫「捶」；又因其有十二種不同拳法，故叫十二洪捶。

十二洪捶變化多，難度大，進退轉翻，束展收放，既有基礎功夫又有高難技法。它把五行、十二形中的精華動作薈萃起來，練起來精彩非凡。像「雞形撕把」（也叫四把）中的「金雞上架」和「金雞報曉」，既有束，又有展，氣勢豪放；而鷂形的「上步抖翎」和「鷹鷂回頭」又可說是最能縱發身力抖擻精神的。所以它既有找勁、發勁之難，又有練藝求神之精。

1934 年，在北平為黃河賑災籌款的國術表演中，大會特請尚雲祥先生帶李文彬老師等幾位表演。尚先生練此十二洪捶，一起動就威震全場，一收勢便掌聲雷動。特別是此拳中有鮮為人知的「指前打後」的高超技法，可體現出「兩頭回轉寸為先」的拳經竅要。這也是形意其他套路中所沒有的。

經云「不知起落枉伶俐，不知進退枉學藝」，這是形意拳的基本技法要求。十二洪捶中便有多種進退步法：有直進直退、斜進斜退、擰身退、轉身退，還有進變退、退變進。另外，此拳具有連環拳的節奏、速度、進退和勁力完整的訓練，還有八式拳的變手多、變勁多的訓練。這樣訓練有素，此拳便可於實戰技擊中一顯身手。

本文所講的十二洪捶，是根據尚雲祥先生晚年所傳的套路，從動作、勁路談起，至實戰技法結束。本文按十二洪捶的動作剖析其擊法，但在實戰中卻不可拘於成法，須隨機應變。本文僅示其法，明其理，供學練者舉一反三。

形意十二洪捶動作名稱

一、起勢

二、左提步束身，順步左炮拳（鷂子束身入林）

三、左轉身穿捶

四、右轉身穿捶

五、上步右崩拳

六、上步左崩拳

七、斜撤身左掩肘

八、進步右馬形

九、斜撤身右掩肘

十、進步左馬形

十一、原地翻身蓋肘

十二、上步左崩拳（左金雞食米）

十三、轉身提步束身（金雞上架）

十四、順步挑打（金雞報曉）

十五、上步左劈拳

十六、進步右劈拳

十七、退步上撥雙分拳（白鶴亮翅）

十八、退步順式炮拳

十九、進步右劈拳

二十、橫襠擠步右肘打（上步抖翎）

二十一、穿拳撐肘回身（鷹鷂回頭）

二十二、收勢

形意十二洪捶的動作說明

十二洪捶套路前半趟與後半趟動作相同，故本節只講前半趟、回頭及收勢。

十二洪捶套路的前兩個動作一起勢，二左提步束身、順步左炮拳（鷂子束身入林）與八式拳前兩個動作圖片及要領相同，故從略，動作圖片從圖1-4-7開始。

三、左轉身穿捶

1. 向裏擰屈左前臂，使左拳經左肋下向身後穿出，拳心向後；右拳下捲至胸前，拳心向下；同時，邊左轉身邊

圖1-4-7

圖 1-4-8

圖 1-4-8 附圖

後撤左腳，成一字步或樁步；目視左拳。（圖 1-4-8、圖 1-4-8 附圖）

2. 上動不停。右拳經左臂下側，邊外擰邊向前上方鑽出，拳高齊眉，拳心向上；左拳邊裏肘邊外擰回拉，收於臍左側，拳心向上；同時，右腳前進一步成右樁步；目視前方。（1-4-9）

圖 1-4-9

3. 上動不停。借身體左轉左拳貼左肋，邊裏擰邊向身後穿出，拳心向後；右前臂由上向裏屈臂捲扣，使拳心向下，落於胸前；同時，以兩腳跟為軸扣右腳，外擺左腳左轉回身；目視前方。（圖 1-4-10）。

圖 1-4-10　　　　　　　圖 1-4-11

4. 上動不停。右拳經左臂下側，邊外撐邊向前上方鑽出，拳高齊眉，拳心向上；左拳邊裹肘邊外撐回拉，收於臍左側，拳心向上；同時，右腳向前踩落一步；目視前方。（圖 1-4-11）。

【要領】

1. 左拳向身後穿撐，與右拳下捲於胸，要借左轉身之力，與後撤左腳同時完成。

2. 右拳由左臂下鑽出、左拳回拉要和進右腳同時完成。

3. 當邁進右腳一落步即扣腳回身，後穿左拳、下捲右拳必須借扣腳回身之力同時完成。要嚴格做到上下相隨，周身協調一致。

4. 鑽擊右拳、回收左拳和上右腳踩打，必須做到手腳齊到，發勁完整。

5. 整個轉身穿捶關鍵在於步，既要動作輕快又要發勁

剛實，又要有虛有實，其內涵「指前打後」之技法，也是它難能可貴之處。

【實戰擊法】

1. 當我從正面以「鷂子入林」進擊甲敵時，發現身後乙敵向我進逼，我則退左步、向身後穿左拳以應之，從頭上下捲右拳準備進擊。當我轉身後，乙敵猝然用右拳打我咽喉，我則以左拳向裏裹肘，以封乙敵右拳，並進右腳上步，右拳從左臂下鑽出擊之。這是攻前而又打後的用法。

2. 如果使用「指前打後」的技法，則對乙敵只虛「指」而不實打。也就是只嚇唬，讓他畏縮不前，便於我借機以專擊甲敵。那麼就要從上右腳穿右拳時加速（圖1-4-8），但只是虛「指」。當右拳一出，馬上捲右臂，同時扣右腳回身；穿左臂既是顧又是晃，又增進回身速度，接以右拳攻身後甲敵的天突穴（咽喉下端凹處）。

四、右轉身穿捶

1. 左拳經心口、右臂下側，邊外擰邊向前上方鑽出；右拳屈肘貼肋向後，邊裏擰，邊向身後穿出，拳心向後；同時，右轉身，先向後撤右腳成一字步形；左前臂及拳由上向裏屈臂捲扣，使左拳落於胸前，拳心向下；目視前方。（圖1-4-12）

2. 上動不停。左拳經右臂下側，邊外擰邊向前上方鑽出，拳高齊眉，拳心向上；右拳邊裏肘邊外擰回拉，收於臍右側，拳心向上；同時，兩腳以腳跟為軸，右擰兩腳尖，左腳前趄一步成左樁步；目視前方。（圖1-4-13）

3. 右拳貼右肋，邊裏擰邊向身後上方穿出，拳心向

圖 1-4-12　　　　　　　圖 1-4-13

後；同時，右轉身，兩腳以腳跟為軸，右轉向後成右椿
步；同時，由上向裏屈臂捲扣左前臂，使左拳落於胸前，
拳心向下；目視前方。（圖 1-4-14）

　　4. 上動不停。左拳經右臂下側，邊外擰邊向前上方鑽

圖 1-4-14

圖 1-4-15　　　　　　　　圖 1-4-16

出，拳高眉齊，拳心向上；右拳邊裏肘邊外擰回拉，收於臍右側，拳心向上；同時，左腳前趨一步，右腳隨之跟進半步成左崩步；目視前方。（圖 1-4-15）

　　要領和實戰擊法，與動作三（左轉身穿捶）相同，只是左右相反。

五、上步右崩拳

　　左前臂向下沉壓，落至齊胸高時，右拳貼肋、貼心口至左肘窩，然後邊裏擰邊沿左前臂上側向前直線崩出，拳高與心齊，虎口向上；左拳邊外擰，邊回收於臍左側；同時，右腳後蹬，左腳前趨一步，右腳隨之跟進成崩拳步；目視前方。（圖 1-4-16）

六、上步左崩拳

　　左拳貼肋、貼心口，沿右前臂上側，邊裏擰邊向前直

線崩出，拳高與心齊，虎口向
上；右拳同時邊向外擰，邊回
收於臍之右側；同時，右腿後
蹬，左腳前趟一步，右腳隨之
跟進成崩拳步；目視前方。
（圖1-4-17）

圖1-4-17

【要領】

1. 打右崩拳要沉壓左臂，
右拳貼左前臂裏上側，邊裏擰
邊崩出；兩前臂和拳雖同向左
擰，卻一向前打，一向後拉，
要相貼相輔擰成一力，而又相反相撐，掙而助力。

2. 左腳趟進踩落，要與右拳的擰轉崩出做到上下相
隨、拳腳齊到。

3. 要擰腰順臂以求打遠，要沉肩墜肘以求勁實。

4. 打左崩拳與右崩拳要領相同，只是左右手相反。

【實戰擊法】

1. 當我以左拳鑽打對方天突穴時，對方以右掌向其左
下方擄按或擄握我左拳，我借其力趟進左腳踏中襠，以右
拳壓彼右掌擰轉崩出，攻其心口（鳩尾穴），同時，我左
拳貼身回拉，以助長右拳之發勁。如對方擄握我左拳不肯
撒手，我則左臂回拉等於借其擄握之力，更加大上左步崩
右拳之力。

2. 對方見我右崩拳打來，他放棄我左拳，又以右手抓
我右拳之腕，我則再上左腳進步逼之，以左拳貼右臂上出
拳再打其心口；同時我右拳向外擰腕屈臂回拉，既破對方

抓我之手，又借其抓力加速並增大我進步崩左拳之力，則拳中對方必倒或傷。

3. 如果我打右崩拳，對方若用右手從其左向右反把抓握我右腕（因對方先以右手攦按我鑽打之左拳未得逞，但其右手已在身前，這時我又以右崩拳打之，他正好反把抓我右腕），這時我上步打左崩拳，同時屈右臂向外攦轉回拉右拳，兩臂合力相撐，分力較大。因對方是從其左反把抓握我的右腕，此時我向右外攦轉回拉右拳，等於用拿法中的「小金絲纏腕」一樣，反別關節，則對方抓得越死，則受傷越重。這一技法正是形意拳所強調的「手去不空回，空回總不奇」的實戰運用。

七、斜撤身左掩肘

左前臂邊外攦邊向上畫弧回拉至胸前，虎口向前；右拳與左前臂動作一致，邊外攦邊回拉收於胸口前，拳面抵於左肘尖裏側，拳心向上；同時，右腳向左後側 45°方向撤一步，左腳亦隨之後撤，落於右腳裏踝前；目視前方。（圖1-4-18）

八、進步右馬形

1. 左拳借左攦身，邊向下扣腕邊向左撥，拳高與胸齊，拳心向下；右前臂邊裏攦邊貼身前鑽，與左拳虎口相對，拳

圖 1-4-18

心向下；同時，借右腿後蹬之力，左腳前趨一步，右腳隨之跟進成右提步；目視前方。（圖1-4-19）

2. 左、右兩拳一起向前沖擊，虎口相對，兩拳面向前，拳高與胸齊；右腳前趨一步，左腳隨之跟進半步成右樁步；目視前方。（圖1-4-20）。

【要領】

1. 左後斜撤落步中左掩肘收左腳，必須上下相隨，完整一力。

2. 圖1-4-18的掩肘，是蓄力待發，顧中有打，所以必須向右擰身掩體，上下束而為一。

3. 提步左擰身扣腕是馬形發勁的前奏，是弓滿即發之勢，故圖1-4-19動作應與圖1-4-20的動作連貫運用，一氣呵成。

4. 左、右雙拳相對齊放，為「雙馬形」，雙肘要沉，雙拳要抱，發勁著意於拳面，以示「疾蹄」之功。

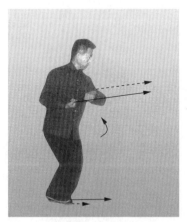

圖1-4-19　　　　　　　圖1-4-20

【實戰擊法】

1. 我之左崩拳被對方向其右方撥開，迅即進步以雙掌合力向我撞擊。因其來勢兇猛，為了安全省力，當避其鋒，因我左手在前，正好上環形掩肘以封之。為了泄其力，乃向左後撤步。

2. 撤是為了進。對方見招空、勁散，便欲逃退。彼退則我進，用我左拳扣腕向左撥其手，借右腳後蹬進身，以雙拳面貫擊之。在此過程中的右提步是進身、進步蓄力待發的過渡動作，久練久熟，則只要上步便具備磨脛蓄力之效，用時則一上步便可發勁矣。

3. 此乃形意雙馬形之實用。另有單馬形之練法，則是左腳在前，左臂放長髮勁，用之於攻；右拳則在左肘裏側起防守和備攻作用。右腳在前亦同，只是左右相反。單馬形與雙馬形，各有所長，各有其用，雙馬短而力大，宜於近取，單馬長而靈活，便於遠攻。

九、斜撤身右掩肘

右前臂邊外擰邊向上畫弧線回拉至胸前，虎口向前；左拳與右前臂動作一致，邊外擰邊往回拉，收於胸口前，拳面抵於右肘尖裏側，拳心向上；同時，左腳向右後側 45°夾角方向撤一步，右腳亦隨之後撤，落於左腳裏踝前；目視前方。（圖 1-4-21）

圖 1-4-21

圖 1-4-22

圖 1-4-23

十、進步左馬形

1. 右拳借右轉身，邊向下扣腕，邊向右撥，拳高與胸齊，拳心向下；左前臂邊裏擰邊貼身前鑽，與右拳虎口相對，拳心向下；同時，借左腳後蹬之力，右腳前趟一步，左腳隨之跟進成左提步；目視前方。（圖 1-4-22）

2. 左、右兩拳一起向前沖擊，虎口相對，兩拳面向前，拳高與胸齊；左腳前趟一步，右腳隨之跟進成左椿步；目視前方。（圖 1-4-23）

要領和實戰擊法，與動作七（斜撤身左掩肘）、動作八（進步右馬形）同，只是左右相反。

圖 1-4-24　　　　　　　　圖 1-4-25

十一、原地翻身蓋肘

1. 借右轉身之力，右臂不動，左前臂邊外擰邊立肘回掩，拳眼向前；目視前方。（圖 1-4-24）。

2. 上動不停。借向右轉身之力，右前臂經身前向上、向前畫弧，下壓落於腹前方，拳心向上；左前臂貼肋回拉，收於臍左側，拳心向上；同時，兩腳以腳跟為軸，右轉回身成右樁步，前腿四成勁，後腿六成勁，上身微前傾；目視前下方。（圖 1-4-25）

十二、上步左崩拳（左金雞食米）

左拳邊外擰邊經心口至右肘窩，然後邊裏擰邊向前下方崩拳，拳與腹平，拳面向前，虎口向前上方；右拳裏肘回拉，收於臍右側，拳心向上；同時，左腳前趨一步，右腳隨之跟進半步，成前腿四成勁，後腿六成勁的左樁步，

尚派形意拳械抉微

第二輯

圖 1-4-26

圖 1-4-27

上體微前傾；目視前下方。（圖 1-4-26）

十三、轉身提步束身(金雞上架)

1. 身體右轉；右拳向身體右上方揚起，拳心向前；左拳邊外擰邊從下畫弧收於左胯旁，拳心向上；隨右轉身，左腳尖略裏扣，上身長起，兩膝微屈；目視右拳。（圖 1-4-27）

2. 右前臂向下、向裏彎曲，經身前向左胯處插下；左拳經左胯、身前，向右肩頭上穿出，拳面向前；同時，左腳向右腳外側蓋步落地，右腳隨即跟進提起成右提步；目視右肩前方。（圖 1-4-28）

圖 1-4-28

十四、順步挑打（金雞報曉）

右拳和右前臂經腹前，邊外擰邊向右前上方挑打，拳高與頭平，拳心向裏上方；左拳貼身下落至臍左側，拳心向上；同時，借左腳後蹬之力，身體向右前上方長身，右腳前趟一步，左腳隨之跟進半步成右樁步；目視右拳。（圖1-4-29）

【要領】

1. 翻身蓋肘，要先回掩左臂以蓄力，注意要沉肩墜肘。蓋肘時，要借從前上向後下擰腰翻身之力以發勁，但要與兩腳配合上下齊動。右臂往前蓋，左臂貼身回拉，既相合又相撐，以增大蓋肘之力。說是蓋肘而發勁著意是在前臂，也是形意拳原地擰身發勁之一大特長。也體現了「臂借腰勁而勁大，腰借臂勁而勁得發」的技法竅要。

2. 左金雞食米與崩拳要領相同，只是此動崩出之拳偏低，上身前傾，俯身加大打擊力，但不得失重。

3. 金雞上架的右臂要揚得開展，儘量舒長。下插時要束得緊，以求蓄力有加。右臂下插要與左腳蓋落、右腳提步和左拳上穿，做到上下協調，完整一力。

4. 金雞上架是「就」，「就是束身也」。「就」是為了放，所以要為放做好束身蓄力的準備。金雞報曉就是放，要放，就得挑得開，挑得快而實，使力達於拳端。右腳踩落要與右拳上挑、發腰勁上下相撐，勁力完整。

【實戰擊法】

1. 我以馬形攻前方甲敵時，身後乙敵攻我後心。我則裹臂翻身蓋肘以壓來手，隨即上步以左崩拳攻其陰部。

尚派形意拳械抉微

第二輯

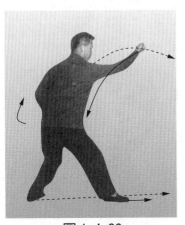
圖 1-4-29

圖 1-4-30

2. 此時在身後之甲敵，見有機可乘，掄其左拳擊我頭部。我身體右轉，揚起右拳以截來手。

3. 敵見左拳被截，復以右拳擊我小腹。我則以右拳從頭上下插，掛撥其右拳，同時向右蓋步蓄力，繼進右腳，並以右拳向對方右腋下挑打以放之。

十五、上步左劈拳

左前臂邊外擰邊經心口至右肘裏側，再裏擰，沿右前臂上弧線劈出，拳高與心齊，虎口向上；同時，左腳向前趨進一步，右腳隨即跟進半步成左椿步；目視前方。（圖1-4-30）

十六、進步右劈拳

1. 左拳邊外擰邊回拉，收於臍之左側，拳心向上；同時，左腳亦回收於右腳裏踝前；目視前方。（圖1-4-

圖 1-4-31

圖 1-4-32

31）。

2. 左拳貼心口外擰鑽出；同時，右腳後蹬，左腳前趟一大步，右腳隨之跟進提起成右提步。（圖 1-4-32）

3. 右拳貼心口，經左肘窩向裏擰轉，向前劈拳；左拳外擰回收，靠於臍之左側；右腳同時向前趟進一大步，左腳後蹬，隨即跟進半步成右劈拳步；目視右拳前方。（圖 1-4-33）

圖 1-4-33

【要領】

1. 上步右劈拳，要手腳齊到，著意發勁力在前臂。

2. 右劈拳的上身提步鑽拳，要上下相隨，蓄力以進，

但不可用拙力。

3. 經曰「劈拳之形似斧屬金」。因前臂等於斧刃，故進步劈拳發勁著意於前臂，但須借腰力，並要求手腳齊到。

【實戰擊法】

1. 如我挑打，對方退步避開，我則疾進左腳上步，以左劈拳放之。

2. 如我之左劈拳被對方用左手向右撥開，順勢用右拳向我左肋打來。我外旋左腕，向下、向裏沉肘壓撥對方右拳，使之落空。如對方突然又翻左手，用掌背向我迎面打來，我則用左臂貼身提步前鑽其左臂。

用「起為鑽」「起橫不見橫」的擊法，借上身蹬步之整勁，將對方之左掌橫至其體右，使其身亦向右傾斜，使他的右拳想打也打不出。如我「起橫不見橫」的勁找得好，且能「沾身縱力」，則這一鑽即可使對方失重，而被放出。

3. 如我之鑽拳僅將對方左拳鑽開，而未能將其身體放出，則可再使我之右腳迅疾向前趟進一大步，用右拳及前臂向對方左胸部擊而發之，即使未打著胸部，亦可將對方放出。如我發勁能找其重心，再能力透脊背，則放出的會更遠。這就是經云「肘打去意占胸膛，起手好似虎撲羊」，因為用的是前臂發勁，故前輩們才有「劈拳肘打」一說。

本套路第十七動作退步上撥雙分拳（白鶴亮翅）及以後動作與八式拳第十三動作退步上撥雙分拳（白鶴亮翅）至收勢動作相同，故文字說明和動作照片從略。

第五節　形意雜式捶

　　形意的雜式捶流傳較廣,是山西、河北形意拳愛好者都習練的形意傳統拳套路。過去有人稱它為十二形合演,實際上它未包含十二形全貌,且套路結構缺乏變化,各趟間距離長短不一,雷同動作既多又僵化,這是這趟套路的不足之處。

　　但是,雜式捶中的貓洗臉、火燒身、推窗望月、三盤落地等動作中,在展現身體某一部位的發力和演練變化上,有其獨特的勁力和可欣賞性。在這裏,作者將尚派形意雜式捶的技與擊展現給廣大形意拳愛好者,從其不同的動作結構和動作要求、發勁方法,以窺其傳統套路拳全貌。

形意雜式捶的動作名稱

第一趟

一、預備勢

二、原地左順步崩拳

三、左提步束身(鷂子束身)

四、左順步炮拳(鷂子入林)

五、左右退步捋掌(貓洗臉)

六、左右壓架拳(火燒身)

第二趟

七、半馬步左撐肘(單展翅)

八、右提步左鑽拳(蟄龍出現)

九、右順步崩拳（黑虎出洞）

十、退步上撥雙分拳（白鶴亮翅）

十一、拗步左炮拳

十二、右提步束身（鷂子束身）

十三、左順步炮拳（鷂子入林）

十四、左右退步抁掌（貓洗臉）

十五、左右壓架拳（火燒身）

第三趟

十六、左提膝穿掌（燕子展翅）

十七、縱步穿掌（燕子抄水）

十八、左提步雙蓋拳（燕子擊水）

十九、拗步右崩拳（燕子啄泥）

二十、退步左崩拳（青龍出水）

二十一、順步右崩拳（黑虎出洞）

二十二、退步上撥雙分拳（白鶴亮翅）

二十三、退順步左炮拳

二十四、左右退步抁掌（貓洗臉）

二十五、左右壓架拳（火燒身）

第四趟

二十六、上步左右穿掌（青龍探爪）

二十七、退順步左鷹捉

二十八、撤步掩手（裹手勢）

二十九、馬步左推掌（推窗望月）

三　十、馬步雙撐掌（三盤落地）

三十一、歇步右下崩拳（懶龍臥道）

三十二、順步左橫拳（烏龍翻江）

形意雜式捶套路動作說明

第一趟

　　雜式捶套路的前四個動作預備勢、原地左順步崩拳、左提步束身（鷂子束身）、左順步炮拳（鷂子入林）與八式前兩個動作圖解及要領相同，故從略，動作圖片從圖1–5–7開始。

圖 1-5-7　　　　　　　　圖 1-5-8

五、左右退步捋掌（貓洗臉）

1. 兩腳不動；左手拉回貼左肋、借上身右擰變掌，貼身順時針弧線向自己臉前格肘，掌心向裏，指尖高與眉齊，左前臂立於胸前，橈骨向右，力達掌根及橈骨；同時，右拳心向裏，經胸前向下捋拉至臍前；目視左掌前方。（圖 1-5-8）

2. 上動不停。借重心後移，左腳經右踝裏側向後跐落一步，成右三體式；同時借上身左擰，左掌順時針邊下捋邊變拳下落臍前，拳心向裏；右拳邊變掌邊經右肋逆時針上弧線向臉前方格肘，掌心向裏，掌指高與眉齊，右前臂立於胸前，橈骨向左，力達掌根及橈骨；目視右掌前方。（圖 1-5-9）。

3. 借重心後移，右腳經左踝裏側向後跐落一步成左三體式步；同時，借上身右擰，右掌逆時針弧線邊下捋邊變

圖 1-5-9

圖 1-5-10

拳，拳心向裏下落至臍前；左拳邊變掌邊經左肋順時針弧線向自己臉前格肘；目視左掌前方。（圖 1-5-10）

4. 借重心後移，左腳經右踝裏側向後跐落一步成右三體式步；同時，借上身左擰，左掌順時針弧線經心口下挒，拳心向裏下落至臍前；右拳同時邊變掌邊貼右肋逆時針上弧線向自己臉前格肘，力達掌根及橈骨；目視右掌前方。（圖 1-5-11）

5. 上動不停。右腳經左踝裏側向後跐落一步成左三體式步；同時，借上身右擰，右掌逆時針弧線邊下挒邊變拳，拳心向裏下落至臍前；左拳邊變掌邊經左肋順時針弧線向自己臉前格肘；目視左掌前方（圖 1-5-12）。

【要領】

1. 借上身轉動，退跐步要與後手挒手、前臂格肘動作一致。

2. 貓洗臉連續跐退三步時腰要沉住，不得有重心起

圖 1-5-11　　　　　　　　圖 1-5-12

伏。

3. 圖 1-5-8 為過渡性動作，要反映外示安逸、以柔克剛的意境；接圖 1-5-9 為發力動作；圖 1-5-10 為又一發力動作；圖 1-5-11、圖 1-5-12 為連動動作，以反映同樣的動作，不同的風格和勁力。

【實戰擊法】

1. 若對方以右拳擊我胸時，我以圖 1-5-9、圖 1-5-10 動作中右手捋抓住對方右手貼己身上不動，以左格肘格別對方肘關節，達到化解對方進攻，並擒拿住對方。

2. 如對方進攻兇猛，我可連續後趾退步，以格肘化解對方上肢進攻，並伺機在對方身上發出格肘勁力制敵，以反映形意「進也打，退也打」的獨特風格。

六、左右壓架拳（火燒身）

1. 兩腳不動；右拳裏旋，右前臂經胸前向前、向上弧

圖 1-5-13

圖 1-5-14

線上架至眉高，拳心向下；左掌同時邊變拳邊由前向下弧線壓左前臂至臍前，拳心向下；目視右拳前方。（圖1-5-13）。

2.上動不停。兩腳不動；左右兩前臂再按上動繞掛一周。（圖1-5-14、圖1-5-15）

圖 1-5-15

【要領】

1.兩前臂繞掛要反映形意「臂借身力」特點，不能只強調上架下壓的招法，要反映真「火燒身」時，精神猛然提起，奮力揮撲身上火焰的意境。

2.三個壓架拳繞掛要與最後兩個貓洗臉連起來，以反

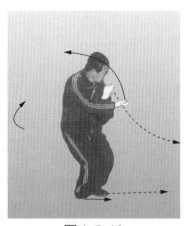

圖 1-5-16

圖 1-5-17

映變勢快捷和特有的演練節奏。

第二趟

七、半馬步左撐肘（單展翅）

1. 左腳撤至右腳跟裏側；同時，左前臂邊外擰邊上撩回裏，使左肘貼肋，左拳含於胸前，虎口向前；右前臂同時邊外旋邊下落，使右前臂裏側擰貼左前臂外側，拳心向上；目視右手前方。（圖 1-5-16）

2. 上動不停。借腰左擰，左腳向前外蹉腳跟擠進一步，右腳隨之跟進半步成半馬步，重心側重左腿；同時，右前臂屈肘，邊裏擰邊上撐至頭右上方，虎口朝前；左前臂亦同時邊裏旋邊向左膝蓋外側撐肘，左前臂與地面垂直，力點在左前臂外側，拳心向後；目視左前下方。（圖 1-5-17）。

【要領】

1. 圖 1-5-16 中要求左右前臂交叉成十字，將上身勁含蓄到極限，但不能彎腰、突臀。

2. 左腳外蹉腳跟擠進一步要借助抖腰、後腿蹬力，並與左肘打一致，反映形意「臂借身力而力大，身借臂而力得發」的拳法來。

【實戰擊法】

1. 火燒身多用在對方用快手連擊我頭、胸部時，我所採用的防禦動作，一般只能連二三下，一味防守而不進攻，會使自己更加被動。

2. 單展翅是肘打，又可胯打，不管是對方攻擊我頭、胸部，或擄抓我左手，我都將回拉外旋左前臂，一可封住對方來手，二來能破解對方擄抓我的左手，待對方進攻或擄抓不成，向後縮身調整重心時，我迅即蹉擠橫跨一步跟進，用左前臂或左胯臀部擊其腰胯或肋腹。

3. 火燒身與單展翅，一是顧法，一是擊法，可結合使用。

八、右提步左鑽拳（蟄龍出現）

借右腳後蹬，重心前移，左腳向前趙墊半步，右腳隨即跟進提靠左踝裏側成右提步；同時，借上身左擰，右拳從頭右上方經臉前邊外旋前臂、邊下弧線下落右腹前，拳心向上；當右拳下落臉前時，左拳虎口經心口、右前臂上側向前鑽拳，拳與眉高，拳心向上；目視左拳。（圖 1-5-18）

【要領】

左轉身與右提步、左鑽拳要求上下協調一致。

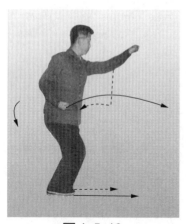

圖 1-5-18　　　　　　　　　　圖 1-5-19

九、右順步崩拳（黑虎出洞）

借左腳後蹬，重心前移，上身左擰，右腳趟進一大步，左腳隨之跟進半步成右崩拳步；左臂下落至胸高時，右拳經心口貼左前臂上向前擰轉崩拳，虎口向上，前臂高與胸平；目視右拳前方。（圖 1-5-19）

【要領】

發右崩拳時，前臂平，勁直且實，並與右腳上步一致。

【實戰擊法】

單展翅肘打被對方躲過，又發拳攻擊我頭部，我則右拳外旋下掛，化對方來拳於己身外，迅即右提步左鑽拳，亦又被對方封架住，我即下壓回帶左拳，同時上右腳「硬打硬進」崩出右拳。

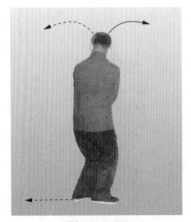

圖1-5-20　　　　　　　圖1-5-20附圖

十、退步上撥雙分拳（白鶴亮翅）

1. 兩腳不動；左拳邊裏擰前臂邊向腹前下插；同時，右拳從前向下裏旋前臂擰裏收於腹前，左前臂在裏，右前臂在外交叉腹前，兩拳虎口貼腹部；目視兩前臂交叉處。（圖1-5-20、圖1-5-20附圖）

2. 上動不停。重心側重右腳，後撤左腳成右弓步；同時，借長身抖腰之勁，使兩臂從下經身前，立圓向頭上兩側抖開，兩拳心均斜向上方；目視右拳。（圖1-5-21）

3. 上動不停。重心後移左

圖1-5-21

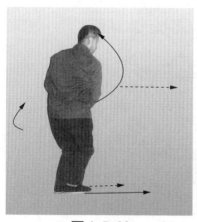

圖 1-5-22　　　　　　　圖 1-5-22 附圖

腿，右腳撤回，靠左踝裏側成右腳在前的併步；同時，左右前臂以肘帶手下弧形收臂，使雙拳貼收於臍兩側，拳心向上；目視右腳尖前上方。（圖 1-5-22、圖 1-5-22 附圖）

【要領】

1. 退步白鶴亮翅要向上方發抖撒勁，力點在頭上及兩肩寬範圍內，兩拳「亮翅」時應畫出一立鴨蛋圓來。

2. 借撤步「亮翅」抖腰向上發勁，彌補了形意缺少往上發勁動作的不足。

十一、拗步左炮拳

借重心前移、左腳後蹬，使右腳前趨一大步，隨即左腳跟進半步，成右腳在前的炮拳步；同時，右拳經心口外撐鑽起，隨即邊裏撑前臂邊向右額頭處撥滾，使拳背貼右額頭，拳心斜向前；左拳隨右肘經心口鑽起，邊裏撑前臂邊

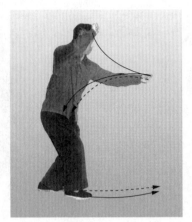

圖 1-5-23

借上身右轉上步抖腰之力，裏擰左拳向前崩拳，力達拳面，拳高與心齊，虎口向上；目視左拳前方。（圖1-5-23）

【要領】

1. 上拗步炮拳要借右擰上身及左蹬右趟之勁，並與左拳手腳齊到。

2. 右拳翻滾至拳背貼額頭，不應有擋架對方來手之力，而應由螺旋撥掛化解對方攻勢和力。

【實戰擊法】

1. 不論對方是掄劈，還是直擊我頭部，我都可用「亮翅」振臂抖腰向上發勁破壞其攻擊，注意應用形意拳特有的「沾身縱力」勁，不要硬頂硬碰。

2. 待抖散對方攻勢後，順勢上步炮拳攻擊。

十二、右提步束身（鷂子束身）

重心前移，右腳前墊半步，隨即左腳跟進，貼靠右踝

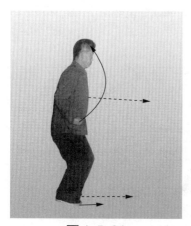

圖 1-5-24

圖 1-5-25

裏側成左提步；同時，左前臂裏旋，使拳心向下，右前臂
向前下落與左前臂平行，且高與胸齊時，雙拳同時外旋、
擰前臂回拉雙拳至臍兩側，拳心向上；目視前方。（圖 1-
5-24）。

十三、左順步炮拳（鷂子入林）

借重心前移，左腳前趨一大步，右腳跟進半步成左三
體式；同時，兩拳外擰，右拳在前，左拳在後經心口鑽
起，隨即右前臂邊裏擰前臂，邊向前、向上、向回弧線撥
滾至右額頭，使拳背貼右額頭，拳心斜向前；左拳借上身
右轉、裏擰向前崩拳，力達拳面、拳高與心齊，虎口向
上；目視左拳前方。（圖 1-5-25）。

【要領】

1.「鷂子束身」要求兩臂、兩腿束而為一，提步支撐
腳要求穩且實。

圖 1-5-33

2. 做「鷂子入林」的順步炮前，需右臂在前掩著左拳，既為蓄力，又是顧法；右臂撥掛、左崩拳前打，應與右擰上身、趟出左腳上下相連，手腳齊到。

【實戰擊法】

上提步要求既快又遠地迫近對方。對方乘我動中不穩，突然出拳向我面門打來，我則以在前的右前臂裏肘迎之，當接觸到來拳後，迅即擰腰上步，右前臂裏旋外撥化來拳，同時擰轉左拳直擊對方胸部。

十四、左右退步挎掌（貓洗臉）

十五、左右壓架拳（火燒身）

動作十四「貓洗臉」和動作十五「火燒身」與動作五「貓洗臉」、動作六「火燒身」相同，故文字說明及動作圖從略（圖 1-5-26～圖 1-5-32）。動作圖片從圖 1-5-33

圖 1-5-34　　　　　　　圖 1-5-35

開始。

第三趟

十六、左提膝穿掌（燕子展翅）

1. 重心前移，左腳墊上一步，成左弓步；同時上身前傾，右拳變掌，借上身左擰，右臂在身右側向後、向下、再向前擺掌，掌心裏旋向右，指尖向前；左拳亦同時變掌，下弧線外旋，前臂回拉，使左掌心向左，指尖向上靠於右前臂裏側；目視右掌前方。（圖 1-5-34）

2. 上動不停。重心後移到右腳，左腳尖勾起，側提膝獨立；同時，借上身右擰，右臂邊外旋邊上擺臂，經右耳側擺至頭後上方；左手同時邊裏旋邊下弧線穿掌至左提膝裏側，兩掌心均向前上方；目視左肩前方。（圖 1-5-35）

圖 1-5-36

圖 1-5-37

十七、縱步穿掌（燕子抄水）

1. 上動不停。重心前移，左腳下落同時向前上一步，隨即右腳經左踝裏側向前墊上一步，迅速蹬地起跳，騰空時雙腿儘量提膝併攏在腹前，兩腳底向左前下方；同時，右臂貼身右側，向前順時針擺臂一周；左臂先外旋再裏旋，在身前順時針畫一小圓，兩掌心均向上；目視左肩前方。（圖 1-5-36）

2. 上動不停。兩腳同時落地，右腿下蹲，左腿向左肩前方仆腿成左仆步；兩臂成一斜線；目視左掌前方。（圖 1-5-37）

【要領】

1. 右擺臂、左穿掌與左提膝的動作要開展，協調。

2. 燕子抄水是幾個形意跳躍動作之一，要求側身縱跳要高，形如燕子般輕靈。

圖 1-5-38　　　　　　　圖 1-5-39

十八、左提步雙蓋拳（燕子擊水）

1. 借右腳後蹬，重心前移，左腳尖外擺 90°，順前進方向成左弓步；兩臂擺成一直線，高與肩平；目視左指尖前方。（圖 1-5-38）

2. 上動不停。兩腿不動；左右兩掌邊變拳，邊外旋邊由身兩側上弧線擺前臂，相交於左腿上方，右拳心向上，左拳面向上；目視右拳前方。（圖 1-5-39）

3. 上動不停。借重心前移，右腳經左踝裏側向前趨進一步，左腳隨即跟進，提靠右踝裏側成左提步；同時，借上身右擰，兩前臂屈肘，經臉前上弧線向前後蓋拳，左拳與右腳同方向向前，左右兩臂間夾角 150°，兩拳高與肩平，拳心向上，肘尖向下，力達兩拳背及前臂下側；目視左拳方向。（圖 1-5-40）

圖 1-5-40

【要領】

1. 動作過程和勁力要流暢。

2. 雙蓋拳與右擰腰、左提步上下一致。

十九、拗步右崩拳（燕子啄泥）

借右腳後蹬，左腳前趟一大步，右腳隨即跟進成左崩拳步；同時，借上身左擰，右前臂彎曲，裏擰下落右胯旁，隨即外擰右拳經心口、左前臂上側，邊裏擰邊向前崩拳，虎口向上，拳高與心口平，力達拳面；左拳同時貼右前臂下側，邊外擰前臂邊拉回至臍左側，拳心向上；目視右拳前方。（圖 1-5-41）

【要領】

1. 左腳前趟及借助左擰腰發出的右崩拳要求上步遠且穩，勁實。

2. 燕子抄水、擊水、啄泥三動作，要求演練時一氣呵

圖 1-5-41　　　　　　　　圖 1-5-42

成，既反映抄水的輕靈，又要反映擊水、啄泥動作的剛實。

【實戰擊法】

　　由燕子展翅及燕子抄水動作縱入對方陣中。對方前後兩人對我夾擊，我以進攻正面對手而進步作為假相，突然實施雙蓋拳的左拳迷惑正面對手，主要注意力和力量用來打擊背後對手的面部（故圖 1-5-40 的頭應轉視右拳處）。後顧之憂解除，再轉頭視左拳方向，進身上步、利用左前臂壓掛正面對方來手，同時打出右崩拳，重擊對方胸膛。

二十、退步左崩拳（青龍出水）

　　1. 借重心後移，右腳後撤一步，隨即左腳回撤，收靠右踝裏側成左提步；同時，右拳順時針拉回再鑽出，拳高與眉齊，拳心向上；目視右拳前方。（圖 1-5-42）

　　2. 上動不停。重心後移，左腳向後趽落一步成退步崩

圖 1-5-43　　　　　　　圖 1-5-44

拳步（左腳尖向前，兩腳跟間距一腳，右腳尖外擺 45°，兩膝彎曲，左膝蓋抵右膝窩旁，重心六成落左腿上）；同時，左拳經心口，右前臂上側向前崩出，拳高與胸平，拳眼向上；右拳在左拳崩出同時，裏擰回拉至臍右側；目視左拳前方。（圖 1-5-43）

二十一、順步右崩拳（黑虎出洞）

借重心前移，右腳前趟一步，左腳隨即跟進成右腳在前的右崩拳步；同時，借左擰上身，右拳經左前臂上側邊裏擰邊向前崩出，虎口向上，拳高與心平，力達拳面；左拳貼右前臂下外擰拉回，收於臍之左側，拳心向上；目視前方。（圖 1-5-44）

【要領】

不管是上步還是退步崩拳，都應上下叫整，拳借身力。

圖 1-5-45

【實戰擊法】

1. 燕子啄泥的右崩拳不但沒擊中對方，反被對方左手抓住手腕，我則借撤步後退，右前臂外旋回掙，以破壞對方抓握之手，同時在退步中崩出左崩拳，擊向對方心口，反映形意拳進也打、退也打，受制時仍能打的獨特打法。

2. 左崩拳沒擊中對方，反被對方前手封住，我則左拳變掌，外旋前臂捋扣對方手腕，順勢上一步，硬打硬進，崩出右拳重創對方，反映形意拳「手去不空回」的技法特點。

二十二、退步上撥雙分拳（白鶴亮翅）

1. 兩腳不動；左拳邊裏擰前臂邊貼肋下插腹前；右拳同時從前向下，裏旋前臂擰裏收於腹前，在左前臂外與之交叉，兩拳虎口貼於腹前；目視兩前臂交叉處。（圖 1-5-45）

2. 上動不停。重心側重右腳，後撤左腳成右弓步；同

圖 1-5-46

圖 1-5-47

時，借長身抖腰之勁，使兩臂從下經身前向頭上兩側抖開，兩拳心均斜向上方；目視右拳。（圖 1-5-46）

二十三、退順步左炮拳

1. 上動不停。重心後移左腿，右腳撤回，靠左踝裏側成右腳在前的併步；同時，左右前臂以肘帶手、下弧線收臂，使兩拳貼靠於臍兩側，拳心向上；目視右腳尖前上方。（圖 1-5-47）

2. 上動不停。借重心後移，右腳向前蹬勁，使右腳向身後趽落一大步，左腳隨之回拉撤半步成左炮拳步；同時，右拳貼心口外旋，前臂鑽起，隨即邊向裏撐前臂，邊向右額頭撥掛，使拳背貼右額頭前，拳心斜向前；左拳隨右肘尖貼心口鑽起，邊裏撐前臂、邊借上身右轉撤步抖腰之力向前打出，拳高與心齊，拳心向下；目視左拳前方。（圖 1-5-48）

圖 1-5-48

【要領】

1. 白鶴亮翅既然叫「亮翅」就不是「併翅」，故尚派形意拳在練這一動作時，是向頭及兩肩上方發抖腰振臂的「抖撇勁」，與腹前砸拳的「併翅」含義和勁力不同。

2.「亮翅」兩拳及兩前臂應貼身、經臉前向上畫一鴨蛋圓。上護頭，左右罩住兩肩，往下護住兩肋，要求兩臂動作路線要連貫，同時突出向上的勁力，並與腳下撤步相配合、上下一體。

3. 退步炮要借右擰身、後移重心坐腰之力，與右顧左攻的兩拳同樣體現「退也打」的獨特技法。

4. 上述動作一氣呵成要比分解單練更有韻味。

【實戰擊法】

1. 如對方右跨步閃身躲開我之崩拳，並上左步蓋其左拳向我頭上掄劈時，因他上左步我亦退左步，同時我雙拳在腹前相交，借退步抖腰向上擺雙臂發勁，以破對方掄劈

圖 1-5-56

來的左拳。

2. 對方左拳落空，又上右腳、出右拳直打我面門，彼進則我退，同時借助右轉身撥化對方來手，同時左拳裏旋直攻對方前胸。

二十四、左右退步捋掌（貓洗臉）

二十五、左右壓架拳（火燒身）

動作二十四和動作二十五與動作五、動作六相同，故圖 1-5-49 至 1-5-55 照片和文字說明從略。動作圖片從圖 1-5-56 開始。

<table>
</table>

圖 1-5-57　　　　　　　圖 1-5-58

第四趟

二十六、上步左右穿掌（青龍探爪）

1. 重心前移，左腳前上一步成左弓步；同時，右拳下落至心口高時，左拳邊變掌邊外撐前臂，經右前臂下向前穿掌，指尖向前，掌高與嘴平，掌心向上，右拳亦同時邊下落、邊外撐前臂，拳變掌收於臍之右側，右掌心向上，指尖向前；目視左掌前方。（圖 1-5-57）

2. 上動不停。重心前移左腳，右腳跟進提靠左踝裏側成右提步；右掌裏旋，使掌心向下經左前臂下側穿出後，外旋右掌，使掌心向上，掌高與嘴平，掌指向前。左臂以肘帶手回拉左掌至臍之左側，左掌心向上，掌指向前；目視右掌前方。（圖 1-5-58）

圖 1-5-59

二十七、退順步左鷹捉

上動不停。借左腳前蹬，重心後移，右腳向身後跐落一步，左腳隨之回撤半步成左三體式；左掌同時裏旋，並借上身右擰，使掌心向下，經右肘上向前搓掌，力達指尖，掌高與肩平。右掌邊變拳邊回拉至臍之右側，拳心向上；目視左掌前方。（圖 1-5-59）

【要領】

1. 上左腳、右提步與左右兩穿掌要反映形意輕快的身法、穿掌要求既快，且力達指尖。

2. 退步左搓掌是沒有螺旋、鑽翻的直搓掌，力達指尖，與鷹捉發力不同。

【實戰擊法】

1. 左右穿掌是形意快手打法之一，要求突然起動近敵，兩個穿掌或奔對方眼睛、或奔對方天突或膻中穴。

<table>
<tr><td>圖 1-5-60</td><td>圖 1-5-61</td></tr>
</table>

二十八、撤步掩手（裏手勢）

左腳撤併在右踝裏側，成左腳在前的併步；左掌借重心後移慣性，邊上身右擰邊變鴕形掌（拇指、食指抻開虎口，中指、無名指、小指併攏彎曲）、邊弧線外旋，左前臂回拉貼肋，使左掌高與心平，掌心向上，拇指向前；目視左掌。（圖 1-5-60）

二十九、馬步左推掌（推窗望月）

上動不停。借右腳後蹬，重心前移，左腳橫襠向前擠進一步，外蹉腳跟踩實落步，成重心坐兩腿中間的馬步；左手邊變八字掌邊裏旋前臂，向左肩前方推掌，力達掌根，掌心向前；右拳邊變掌邊裏旋前滾至臍前，掌指向左，掌心向下；目視左掌前方。（圖 1-5-61）。

【要領】

1. 撤步左掩手要借右撐上身和撤左腳後移重心慣性，左肘貼肋，使之身手一體。

2. 推窗望月的左腳橫襠上步，要求貼地面向前趟，盡量遠，外蹉腳跟踩實落腳，整個動作不得有起伏，並與左臂略屈肘推掌叫整。

3. 練形意馬步要求與長拳練法相同，只是要求胯略高於膝。

【實戰擊法】

撤步掩手化掛隔開對方一切來手，趁勢橫襠搶步推掌，重擊對方胸部。

三十、馬步雙撐掌（三盤落地）

1. 重心移至右腿，左腿撤回並靠右踝裏側，這時兩腳尖同方向，都向前進方向右側；同時，左掌邊外撐邊屈肘平拉至右胸前，掌心向上，指尖與右肩同向。右掌亦同時邊外撐邊經心口上穿至左胸前，掌心向上，指尖與左肩同向；目視左掌。（圖1–5–62）

2. 上動不停。借右腳側蹬及重心左移，左腳橫向前進方向（即左肩方向）蹉進一步，成重心落兩腿中間的馬步，胯略高於膝；左右兩掌邊裏撐邊下弧線向左右膝外側撐出，兩掌高與臍平，掌心均向下，力達兩掌根處；目視左肩前方。（圖1–5–63）

【要領】

1. 圖1–5–62中的動作要求圓活、輕靈；收併左腳時，左膝應與右膝併靠，使兩腿束為一體。

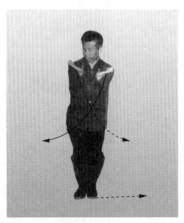

圖 1-5-62　　　　　　　　圖 1-5-63

2. 三盤落地時左腳橫蹉的一步要與重心左移、坐腰及雙手撐掌協調叫整，發出的勁力要剛實。

【實戰擊法】

1. 對方有左右兩人夾擊我，我則借由左右手的外擰回掛，撥化開對方進攻來手，並由併左腳、兩前臂在胸前交叉，既護住自己雙肋，又蓄力到極限。

2. 對方兩人看我不還手，一同欺身上前，我則驟然向左或向右橫向擠趟一步，順勢撐出雙手掌根，掖打左右側二人的肋腹。

三十一、歇步右下崩拳（懶龍臥道）

借右腳後蹬，上身左擰，隨左腳尖外擺 135°，重心移至左腿，隨即右腳經左踝裏側向外擺腳尖屈膝上一步，左右兩腳跟間距兩腳距離，左膝蓋抵靠右膝窩成交叉步；同時，掌變拳，右拳經左前臂上側向前下方沖拳、拳高與胯

圖 1-5-64

圖 1-5-65

齊，拳心向上。左拳貼右前臂下側回拉成拳心向下，並與右前臂呈十字交叉狀；目視右拳前方。（圖 1-5-64）

【要領】

1. 上身左擰與上右手腳要求叫齊。

2. 交叉步不可蹲太低，上身略前傾，不可過於向前彎腰突臀。

三十二、順步左橫拳（烏龍翻江）

隨重心前移，左腳經右腳跟後側向前趟出一步，右腳隨之跟進成左三體式；同時，左前臂邊外擰邊向前打出拋物線的橫拳，拳心向上，拳與肩高；右拳隨之外擰回拉，收拳於臍右側，拳心向上；目視左拳前方。（圖 1-5-65）

【要領】

順式橫拳要求同側手腳同動同停，橫拳內含螺旋勁和鑽翻勁要反映出來。

| 圖 1-5-66 | 圖 1-5-67 |

三十三、左崩右蹬腳（龍虎相交）

1. 兩腳不動。左前臂屈肘外旋後，向上、向裏下壓，右臂屈肘貼身向右後方擺拳。（圖1-5-66）。

2. 動作不停。重心前移成左弓步；借上身左擰，右臂貼身下弧線向左腳前上方挑打，拳高與肩平；同時，左拳外擰回拉，使左拳心向上貼臍之左側；目視右拳前方。（圖1-5-67）

3. 動作不停。重心前移左腿，左腿略屈膝站穩，右腿屈膝，經左踝裏側由下向前上方勾腳尖蹉踢出，力點在右腳跟，且腳心向前；同時，左拳經右前臂上側向前裏擰直線崩拳，虎口向上，拳與肩平；右拳亦同時外擰拉回至臍之右側，拳心向上；目視左拳前方。（圖1-5-68）

【要領】

1. 右臂挑打借助右左擰腰之力，並與右腿後蹬配合一

圖 1-5-68

圖 1-5-69

致。

2. 右蹬腳要蹉地而起，並與左沖拳構成一體，上身不能俯仰。

三十四、順步右崩拳（黑虎出洞）

右腳向前下方屈膝踩落，左腳隨之跟進成右崩拳步；同時，右拳貼左前臂上側裹擰崩出，拳眼向上，高與胸齊；左拳亦同時外擰收至臍之左側、拳心向上；目視右拳前方。（圖 1-5-69）

【要領】

右手、腳齊到打出崩拳，右腳落地不能發震腳的勁。

【實戰擊法】

1. 對方右順式沖拳打向我胸部，我則左手擄壓對方來手，使其失去威脅，順勢上右腳，出右拳直擊對方心口；對方見攻手被封住，心口要挨打，急忙重心後移、急撤右

腳，我則順勢上左腳，左橫拳封住對方前臂「沾身縱力」將對方打出。

2. 我左拳擊對方不中，對方反順左臂裏側攻擊我胸部，我則變勁向裏圈臂扣壓左腕，纏壓對方來手，同時重心前移掄挑右臂，用拳挑打對方心口和肋下。

3. 挑打的右臂被對方撥開或抓住時，我則用蹉踢右腳攻擊對方的襠部或前腿；同時借右拳回拉，左拳擊打對方心口。

4. 對方若身體躲開我右腳攻擊，並以右手抓攜我左腕時，我迅即前移重心，用右腳下踩對方前腳，右拳從左拳上向前崩出，以攻擊對方胸部。

動作三十五（退步上撥雙分拳）至動作三十八（左右壓架拳）與動作二十二至動作二十五名稱動作相同，故圖1-5-70至1-5-78和相應文字說明省略。

第五趟

動作三十九（半馬步左撐肘）至動作四十一（右順步崩拳）與動作七至動作九名稱動作相同，故圖1-5-79至1-5-82及文字說明省略，文字說明接續動作四十二，圖片從圖1-5-83開始。

圖1-5-83

圖 1-5-84　　　　　　　　圖 1-5-85

四十二、左轉身雙擺掌（風擺荷葉）

借重心後移及左轉身，左腳後撤一步，接著右腳向左轉身 180°方向蓋步，重心側重右腿，左腳跟略翹起；同時，兩拳變掌，屈肘貼身前順時針雙擺掌至右肩外側，兩前臂高與肩平，兩掌指尖向上；眼睛隨擺掌轉動，最後目視右掌。（圖 1-5-84）

四十三、右提步左鑽拳（鷂子鑽天）

上動不停。左腳經右踝裏側向前上一步，右腳隨即跟進成右提步；同時，兩掌變拳，右臂借左轉身，向前擺臂後，拳心向上收於右腹前；左拳同時經心口向前鑽拳，拳心向上，拳高與眉齊；目視左拳。（圖 1-5-85）

圖 1-5-86

四十四、上步右劈拳

上動不停。右腳向前上一大步，左腳跟進成右三體式步；同時右拳邊裏擰，邊經左前臂上向前劈拳，拳眼向上，拳高與胸平；目視右拳。（圖 1-5-86）

【要領】

1.「風擺荷葉」是一柔中含剛講身法的動作。

2. 在套路中只出現一次的劈拳，應反映出「似斧」「肘打」的形和意來。

3. 動作四十二至動作四十四應一氣呵成，展現形意拳指前打後的打法和勁力。

雜式捶套路最後兩個動作，動作四十五（穿拳撐肘回頭）和動作四十六（收勢）與八式套路中最後兩個動作圖解及要領相同，故從略。

尚派形意拳械抉微

第二輯

第二章　形意傳統刀術

拳諺有「刀如猛虎」之說，它與形意拳械「硬打硬進」的技法特點很相近，故形意拳愛好者們一致公認刀是最能反映形意風格的武術器械。

武術要求練刀者「刀快勢猛」「持短入長」。練形意刀不但要遵循上述要求，還應與練拳一樣，借助上下「三催」勁，屈臂持刀發勁。不管是單手持刀，還是雙手持刀（單手利於變化，速度快。雙手展現沉實剛猛），都要達到「刀借身力，身借刀勁」、上下一體、「手腳齊到」的目的。

下面介紹五行單趟的劈、鑽、崩、炮、橫刀，按此訓練，持之以恆，會練出與眾不同的刀法和勁力來。

第一節　五行刀之一 —— 劈刀

劈刀的動作說明

一、預備勢

兩腳成立正姿勢，沉肩墜肘，頭頂項直，舌頂上腭，氣沉丹田，目視前方；左手以拇指在上，無名指和小指在

圖 2-1-1

圖 2-1-2

下扣住刀盤，食指和中指夾住刀柄，使刀背緊貼左臂前，刀尖朝上，刀刃朝前，刀身垂直；右掌五指併攏，自然下垂於右胯旁。（圖 2-1-1）。

二、格刀推掌

1. 雙腿微屈，借重心前移，上身右擰，右腳向前方邁出一步，腳尖斜向左，成裹扣步；同時，左手抱刀從左向前、向裏翻轉，在身體左前方畫半圓弧，屈臂墜肘下落左胯前，刀盤扣於左腕裏，刀刃向右；右掌同時提起，靠於腰右側，掌心向下；目視左肩前方。（圖 2-1-2）

2. 動作不停。重心移至右腳，借上身左擰，左腳經右踝裏側向左前方邁出一步成左三體式樁步；同時，左手扣刀盤向下、向左撥格、隨轉體邁步落於左胯旁，刀尖朝上，刀刃朝前；同時，右手邊變立掌邊向前方推出，掌心向左，沉肩墜肘，右前臂高與胸齊；目視右掌。（圖 2-1-3）

圖 2-1-3

圖 2-1-4

【要領】

1. 整個動作以腰帶手，格刀、推掌與左腳向前邁步落地要動作協調，「外示安逸，內固精神」。

2. 格刀著力於刀柄；推掌著力於掌根。

三、三體式藏刀

1. 重心前移左腳，右腿屈膝前提，使右腳扣於左腿後膝窩處；同時，左手抱刀向前上抬起至肩平，右掌攏握刀柄準備接刀；目視前方。（圖 2-1-4）

2. 動作不停。借重心後移，右腳回落成左三體式步；右手持刀，同時向下、向後拉至右胯後方，刀尖向前；左手變掌，邊捋刀背邊向前推掌，左前臂高不過肩；目視左掌前方。（圖 2-1-5）

3. 動作不停。重心繼續後移，左腿屈膝勾腳尖前提膝，成右獨立步；同時，左掌由前向下、向裏捲腕回收，

圖 2-1-5

圖 2-1-6

貼身上穿至心口；右手持刀，
向右外、向後翻腕上舉，使刀
背貼於腦後背部，刀尖朝下；
目視左腳尖前上方（也就是前
進方向）。（圖 2-1-6）

4. 動作不停。左腳向前落
步成左三體式樁步；右手持
刀，由頭左側裹肩經胸前向
前、向下、向後拉刀至胯右後
方；左掌亦同時由右臂裹側用
手背挌刀背，邊裹擰前臂邊立
掌前推；目視左掌指前方。（圖 2-1-7）。

圖 2-1-7

【要領】

1. 上述三個動作為形意刀法常用的起勢，將在鑽、
崩、炮、橫刀中以預備勢出現。

2. 裹腦捋刀要自然和諧，不得聳肩、低頭。

3. 重心移動、提膝落步及與兩手配合要連貫、協調。

四、進步右劈刀

1. 左腳前墊一步，右腳隨即跟進，勾腳尖提靠左踝裏側成右提步；同時，右手持刀，向身左側穿刀至身前時，左臂下落，左手握刀柄後端，雙手配合纏頭至身後，刀背貼身，刀尖向下；目視腳尖前上方。（圖 2-1-8）

2. 動作不停。右腳向前趟進一大步，左腳跟進半步成右三體式樁步；同時，借上身左擰，雙手持刀，經右肩上向前斜劈刀，刀尖高與肩平；目視前方。（圖 2-1-9）

【要領】

1. 穿刀、雙手持刀纏頭要求刀貼左臂、後背，要求動作緊湊協調。

2. 斜肩帶背劈刀要求步到刀到，力達整個刀刃，內含

圖 2-1-8

圖 2-1-9

推、銼、劈勁力，且要求刀尖、鼻尖、右腳尖「三尖相對」。

五、進步左劈刀

1. 右腳前墊一步，左腳隨即跟進成左提步；同時，雙手持刀向身右側平掃，接著雙手翻腕上舉裹腦刀，使刀背貼身，刀尖向下；目視腳尖前上方。（圖2-1-10）

2. 動作不停。左腳向前趟進一大步，右腳隨之跟進半步成左三體式樁步；同時，借上身右擰，雙手持刀，經左肩上向前斜劈刀，刀尖高與肩平；目視前方。（圖2-1-11）

【要領】

與進步右劈刀要領相同，唯左右相反。

接著視場地和自身體力，可重複練進步左右劈刀，待回身時，可左可右轉身回頭。現介紹右轉身進步左劈刀，

圖2-1-10

圖2-1-11

左轉身進步右劈刀只是左右相反，動作和要領相同。

六、右轉身進步左劈刀

1. 左腳跟為軸，裏扣腳尖，隨即重心移至左腿；同時，刀面平，刀刃向右，隨右轉身，平抹刀右轉180°；目視刀尖前方。（圖2-1-12）

2. 動作不停。右腳上一步，左腳隨之跟進，貼靠右踝裏側成左提步；同時，雙手持刀裏腦至頭上，刀貼後背，刀尖向下；目視腳尖前上方。（圖2-1-13）

3. 動作不停。左腳向前趟進一大步，右腳隨之跟進半步成左三體式樁步；同時，借上身右擰，雙手持刀，經左肩上向前斜劈刀，刀尖高與肩平；目視前方。（圖2-1-14）。

【要領】

1. 借右轉身，重心轉移，使平抹刀身械協調。

圖 2-1-12

圖 2-1-13

圖 2-1-14

圖 2-1-15

2. 不管是左側回頭還是右側回頭，都應練至起勢附近，且與起勢同方向的進步左劈刀時（圖 2-1-15），方可收勢。

七、收　勢

1. 借右轉身，重心後移，以兩腳跟為軸，兩腳尖右擺左扣成右弓步；同時，右手刀刃向右平掃刀至右腳尖前上方，刀面平，高與肩平；左手變掌，裏旋腕，使四指尖向前；目視右手刀。（圖 2-1-16）

2. 動作不停。重心移至左腿，成左膝彎曲、右腿伸直的橫襠步；右手腕裏旋，使刀刃向左平掃刀，至身體左前方驟然裏旋翻腕，使刀刃朝上，刀尖朝後；同時，左臂屈肘翻腕，食指、中指夾刀盤下手柄處準備接刀，刀背置於左臂上；目視刀身前方。（圖 2-1-17）

3. 動作不停。右腳向左腳併攏立正；左手握刀盤下落

圖 2-1-16

圖 2-1-17

圖 2-1-18

至左胯旁；右手變掌經腹前、身體右側擺臂抖腕亮掌至右
耳側頭上，四指尖向左；頭隨右掌轉動，最後目視左肩前
方。（圖 2-1-18）。

4. 動作不停。右掌下落至左腹前，掌心向下（圖2-1-19），接著右掌下落至右胯旁；頭轉正，目視前方。（圖2-1-20）

【要領】

收勢各分解動作不應有停頓、起伏、聳肩。

【實戰擊法】

1. 用纏頭裹腦來撥掛對方器械，是練刀者護身主要顧法之一。

2. 雙手持刀，屈臂斜劈，用的是腰催胯、膝、足，腰催肩、肘、腕刀的「三催勁」，可直進斜肩帶背劈殺對方，亦可由刀身內含的推銼勁，逼銼開對方器械，式勁不變接殺對方。

圖2-1-19

圖2-1-20

第二節　五行刀之二──鑽刀

鑽刀的動作説明

一、預備勢

動作圖解及要領與劈刀動作一、二、三同，故圖 2-2-1 至 2-2-6 從略，動作圖片從圖 2-2-7 開始。

二、進步右鑽刀

1. 兩腳不動。右手持刀，纏頭至頭後上方，刀背貼身，刀尖向下；左掌上弧線裏捲上穿，抓握刀柄後端；目視左腳尖前上方。（圖 2-2-8）

圖 2-2-7　　　　　　　　圖 2-2-8

圖 2-2-9

圖 2-2-9 附圖

2. 動作不停。左腳向前墊一步，右腳隨即跟進成右提步；同時，右手持刀纏頭後，向身前平掃刀，隨即左手抓握刀柄後端，雙手向左腹前帶刀，刀尖向前，高與肩平；目視刀尖前方。（圖 2-2-9、圖 2-2-9 附圖）

3. 動作不停。借左腳後蹬，重心前移，右腳向前趨進一大步，左腳隨之跟進成右三

圖 2-2-10

體式樁步；同時，雙手持刀，邊逆時針擰轉刀面，邊向前、向右推銼刺刀，刀刃向右，刀尖高與肩平，且與鼻尖、右腳尖「三尖相對」；目視刀尖前方。（圖 2-2-10）

【要領】

1. 纏頭刀與平掃帶刀為連續動作，與右提步要上下相隨。練纏頭刀時，不能低頭、聳肩。

2. 進步鑽刀要借左腳後蹬、右腳前趨及右擰身之力，力達整個刀身。

三、進步左鑽刀

1. 兩腳不動；雙手持刀，裹腦至頭後上方，刀背貼身，刀尖向下；目視右腳前上方。（圖 2-2-11）

2. 動作不停。右腳前墊一步，左腳隨之跟進成左提步；同時，雙手持刀裹腦後，從左肩上方斜劈回帶刀柄至右腹前，刀刃向右，刀尖高不過肩；目視刀尖前方。（圖 2-2-12）

3. 動作不停。借右腳後蹬，重心前移，左腳前趨一大步，右腳隨即跟進成左三體式樁步；同時借上身左擰之

圖 2-2-11

圖 2-2-12

圖 2-2-13　　　　　　　圖 2-2-14

力，雙手配合，邊順時針擰轉刀面，邊由右向前、向左推銼刺刀，刀刃向左，刀尖高與肩平；目視刀尖前方。（圖2-2-13）

【要領】

與進步右鑽刀要領相同，唯動作左右相反。

接著視場地和自身體力，可重複練進步右左鑽刀，待回身時，可左右轉身回頭。現介紹右轉身進步左鑽刀，左轉身進步右鑽刀只是動作左右相反，要領相同。

四、右轉身進步左鑽刀

1. 兩腳以腳跟為軸，借重心前移左腿，左腳裏扣、右腳外擺 135°，成右三體式椿步（右腳尖方向為回頭後前進方向）；同時，借上身右擰，雙手持刀，裹腦至頭後上方，刀背貼身，刀尖向下；目視右腳前上方。（圖2-2-14）

圖 2-2-15　　　　　　　　　圖 2-2-16

2. 動作不停。右腳前墊一步，左腳隨即跟進成左提步；同時，雙手持刀裹腦後，借上身右擰，從左肩上方斜劈後，雙手持刀回帶刀柄至右腹前，刀刃向右，刀尖高不過肩；目視刀尖前方。（圖 2-2-15）

3. 動作不停。借右腳後蹬，重心前移，左腳前趨一大步，右腳隨即跟進成左三體式樁步；同時，借上身左擰之力，雙手配合，邊順時針擰轉刀面，邊由右向前、向左推銼刺刀，刀刃向左，刀尖高與肩平；目視刀尖前方。（圖 2-2-16）

【要領】

1. 擺扣腳尖，左或右轉身回頭與纏頭或裹腦刀身械協調，上下一致。

2. 不管是左回頭還是右回頭，都應練至起勢附近，且與起勢同方向的進步左鑽刀（圖 2-2-17）時方可收勢。

圖 2-2-17

五、收　勢

鑽刀收勢與劈刀相同，故圖 2-2-18 至圖 2-2-22 及文字、要領從略。

【實戰擊法】

1. 也可以單手持刀練習鑽刀勁力，即左鑽刀時，左掌在頭左上方；右鑽刀時，左手按在右前臂上，以反映「單手靈活易變用於平素，雙手沉實力猛發於一旦」。

2. 借由左右鑽刀，訓練人在橫向平面上如何運用「三催」勁和推銼勁。

第三節 五行刀之三 —— 崩刀

崩刀的動作說明

一、預備勢

動作說明及要領與劈刀動作一、二、三同，故圖 2-3-1 至圖 2-3-6 從略，動作圖片從圖 2-3-7 開始。

二、上步崩刀

借右腳後蹬，重心前移，左腳向前擠趟一步，右腳隨即跟進成左腳在前的崩拳步（右膝緊抵左膝窩後裏側，右腳尖外擺 45°，橫向上右腳尖不超過左腳跟）；同時，右手持刀，由右胯旁向前刺出，剛至身前，左手下落抓握刀柄後端，助右手將刀向前推、銼、崩刀，刀刃向下，刀尖高不過肩；目視刀前方。（圖 2-3-8）

【要領】

1. 從完全靜止狀態突然擠趟左腳，要求既有力，還要儘量趟得遠。崩刀要借腿力，且在很短距離內兩手配合發好崩

圖 2-3-7

圖 2-3-8   圖 2-3-9

刀勁。

2. 崩刀出刀時，刀身上揚 45°，由左手拉，右手推把以產生推銼勁，力達整個刀刃，後發劈勁，力達刀刃前半部。

三、進步崩刀

1. 重心前移左腳，右腳向前趟進一步，左腳隨即跟進提靠右腳裏側成左提步；同時，雙手持刀左推右拉，略向上、向回挑掛，使刀斜立胸前，兩手持刀貼腹前，兩前臂貼肋；目視前方。（圖 2-3-9）

2. 動作不停。左腳向前趟進一大步，右腳隨即跟進成左崩拳步；同時，雙手持刀右推左拉，借上步及上身左擰之力向前崩出，力達前半部刀刃，刀尖高不過肩；目視刀尖前方。（圖 2-3-10）

圖 2-3-10

圖 2-3-11

【要領】

1. 立刀回掛要借上步及左手推、右手拉的「銼把」勁。定勢後，刀身要掩住右肩，且刀背與右肩之間有一拳距離。

2. 其餘要領與動作二上步崩刀的要領同。

3. 視場地和體力，可重複練進步崩刀，因始終是左腳前趨時發勁，所以與崩拳一樣，稱為「半步崩刀」，故只能右回身，沒有左回身。回身前的左崩拳步兩腳間距應大些，便於回身。（圖 2-3-11）

四、崩刀回身勢（狸貓倒上樹刀）

1. 借上身右擰，左腳跟為軸，裏扣腳尖，雙腳成內八字步；同時，左手變掌，按於右前臂上，右手持刀裏旋腕，使刀柄從前向右回拉平掃刀，刀面與身平，高與胸齊；目視刀尖方向。（圖 2-3-12）

圖 2-3-12

圖 2-3-13

2. 動作不停。重心移至左腳，繼續借右轉身，右腿屈膝外擺，腳尖向回身後前進方向前蹬，右腳跟高與胯平，力達腳跟；同時，右手刀向右平斬，高與肩平，刀尖向前；左掌同時向左平擺，高與肩平，掌心向左，指尖向前；目視右腳前上方。（圖 2-3-13）

3. 動作不停。在右腳尖外展前蹬將要踩落時，右手刀翻

圖 2-3-14

腕後上舉，裹腦繞至左肩上方；左掌同時上擺抓握刀柄下端；目視右腳前上方。（圖 2-3-14）

4. 動作不停。右腳尖外展略屈膝向下踩落，重心在左腿；同時，雙手持刀向前劈出，刀尖高不過肩，刀尖指向

圖 2-3-15　　　　　　　　　　圖 2-3-16

及右腳跟均在前進方向一條線上；目視刀尖前方。（圖 2-3-15）

【要領】

1. 內八字扣步及重心轉移左腿時，兩膝始終彎曲。

2. 蹬腳與掃刀、踩落與劈刀要借轉身擰腰，上下協調，要求快且要實、穩。

3. 接著墊右腳成左提步回掛刀後，進左腳、跟右腳練進步崩刀。循環往返，最後練至起勢位置，且與起勢同方向（圖 2-3-16）時，接退步反崩刀後，方可收勢。

五、退步反崩刀

1. 重心後移，右腳向後撤一大步成左弓步（過渡性步型）；同時，左手變立掌前推，指尖向上，掌根向前，高與肩平；右手同時借上身右擰持刀向下，向後回拉刀，刀尖向前；目視左掌前方。（圖 2-3-17）

圖 2-3-17

圖 2-3-18

2. 動作不停。借重心後移，左腳回收，提靠右踝裏側成左提步；左臂屈肘下落回收在左腹前，掌心向下；同時，右手持刀，屈肘向外翻腕，使右手刀柄上捲至右肩後上方，刀刃朝上，刀尖朝前；目視前方。（圖 2 –3 – 18）。

圖 2-3-19

3. 動作不停。重心繼續後移，左腳沿直線向後踩落成退步崩拳步；同時，右手握刀，向前推、銼、反刺刀，刀刃朝上，高與肩平；同時，左掌向上、向前按在右前臂裏側以助力；目視刀前方。（圖 2-3-19）

【要領】

1. 右撤步要放開，左提步要動中有穩。

2. 左腳向後踩落與右手刀反崩、左掌上扶助力要動作協調，勁力順且要整。

3. 反崩刀要借左腳踩落後蹬和左擰腰勁，力貫刀身前半部。

六、收　勢

1. 借重心後移及右轉身，右腳向身後撤一大步，隨左腳裏扣成右腳在前的弓步；同時，右手刀刃向右，平掃刀至右腳尖前上方，刀面平，高與肩平；左掌邊裏旋腕邊由身前向左腳上方橫擺掌，左掌高與肩平，指尖向前；目視右手刀。（圖 2-3-20）

以下動作及要領與劈刀收勢同，故從略。

圖 2-3-20

【實戰擊法】

透過腳到刀到的身械一體訓練，上步挑掛刀避開和封住對方器械攻擊，還可以直接上步崩刀，銼逼開對方器械並攻擊對方。

第四節　五行刀之四——炮刀

炮刀的動作說明

一、預備勢

炮刀預備勢與劈刀動作一、二、三同，故圖 2-4-1 至圖 2-4-6 從略，動作從圖 2-4-7 開始。

圖 2-4-7

圖 2-4-8　　　　　　　　圖 2-4-9

二、進提步右掛刀

1. 借右腳後蹬，重心前移，左腳前墊一步，右腳隨即跟進成右提步；同時，借上身左擰之力，右手刀立刃向前刺刀，刀高不過肩；左掌在刀刺出過程中抓握刀柄後部，以助右手刀前刺之力。（圖 2-4-8）

2. 動作不停。借左腳後蹬，右腳前趨一大步，左腳隨即跟進成左提步；同時，借上身右擰，右手持刀，邊裏擰邊上弧線掛刀至身右後方，右手與胸高，刀刃朝外；左掌亦隨之擺至右胸前，左手四指尖向上；眼睛始終隨刀走。（圖 2-4-9）

【要領】

1. 刺、掛刀要連貫，並與右、左提步協調一致。

2. 右、左提步動時要快、遠，定時要穩、實。

三、上步左炮刀

上動不停。左腳向前進方向左45°趟進一大步，隨之右腳跟進半步，成左腳在前的炮拳步（即兩腳間隔一腳的小三體式）；同時，借上身左擰，右前臂邊外擰邊持刀由後經下、向前下弧線反手立刃撩刀，刀刃朝上，刀身高不過肩；左掌亦同時借上身左擰，

圖2-4-10

邊裏旋前臂邊經腹前下弧線上擺臂，至左耳側頭上時亮掌，左掌四指尖指向右手刀尖方向；眼睛隨刀走。（圖2-4-10）

【要領】

1. 上步炮刀應與前動提步掛刀一氣呵成。

2. 炮刀時，刀身內含推、銼、撩勁力，定勢後，刀尖、鼻尖、左腳尖應「三尖相對」。

四、進步右炮刀

1. 借裏扣左膝，左腳向右前方90°邁出一步（即前進方向右45°），右腳隨即跟進成右提步；同時，右手持刀，向外翻腕上掛刀至左肩前，刀尖向上；左臂亦同時屈肘下落，左掌按扶在右脈門上；眼睛隨刀走。（圖2-4-11、圖2-4-11附圖）

2. 上動不停。右腳借左腳後蹬之力，向左腳尖前方趟

尚派形意拳械抉微

第二輯

圖 2-4-11

圖 2-4-11 附圖

進一大步，左腳隨即跟進半步
成右炮拳步；同時，借上身右
撑，右手刀經身前下弧線反手
立刃撩刀，左掌仍按右手脈門
隨之運動，刀刃朝上，刀身高
不過肩；目視刀前方。（圖
2-4-12）

圖 2-4-12

【要領】

1. 上身勁力和刀法與上個
動作（上步左炮刀）要領相
同，唯左右相反。

2. 左腳向前進方向右 45°趟出一步，要借腰前催重
心，右腳後蹬及左膝略裏扣前挺之勁。

下面視場地，體力可重複練習左右進步炮刀，亦可練
左右轉身回頭。現介紹左回身勢，右回身勢在動作上只是

圖 2-4-13

圖 2-4-14

左右相反，動作和要領都相同。

五、回身勢

1. 借左轉身，右腳尖邊裏扣邊向左腳外側弧行扣步邁出一步（落腳後腳尖方向為回頭後前進方向），隨即擰轉左腳，使之提靠右踝裏側成左提步；同時，借上身左擰，右手持刀，下弧線經腿前穿刀，再經身前向右腳外側上掛刀，刀身直立，刀刃朝外；左掌按扶右肘裏側，隨之擺動；目視刀身。（圖 2-4-13）

【要領】

1. 借左轉身，右腳借裏扣步，腳尖左轉 225°，右腳尖方向即為回身後的前進方向。

2. 借助右腳裏扣步穿刀及左提步進掛刀，要求身械和諧。

3. 大轉身後完成左提步，要求轉體流暢，提步穩、

圖 2-4-15

圖 2-4-16

實。

六、上步左炮刀

左回身勢後的上步左炮刀與動作三（上步左炮刀）動作要領相同，只是方向相反。（圖 2-4-14）

下面可重複練習，需收勢時，必須練至起勢位置附近，且同方向的圖 2-4-15 時，方可收勢。

七、收　勢

1. 左腳前墊一腳，成左三體式樁步；右手刀邊裏旋腕邊弧線向左擺刀，使刀身平，高與胸齊，刀刃朝外；左掌下落按扶刀背上，左掌四指尖向上；目視刀前方。（圖 2-4-16）

2. 上動不停。借右轉身，兩腳以腳跟為軸，左右腳都右擺腳尖 45°，成重心側重在右腿的弓步；同時右手刀向

圖 2-4-17

裏翻腕，繞左肩後，刀刃向前，平掃刀至右肩前（圖2-4-17）；重心移左腿成橫襠步；向左平掃刀，驟然向裏翻腕，使刀背貼左上臂上，刀尖朝後；同時，左掌經身前向下、再向左前方擺掌後，在左肩前方屈肘接刀（左手四指在刀盤下，拇指在刀盤上，扣壓住刀盤），刀高與肩平；目視左方。（圖2-4-18）

圖 2-4-18

3.上動不停。重心左移，右腳撤至左踝裏側，雙腿直立併步立正；左手抱刀下落於身左側胯旁；同時，右手變掌，裏旋前臂，下擺臂經身前至頭右側上方抖腕亮掌，四指尖向左；眼睛隨右掌轉動，最後目視左肩前方。（圖2-

圖 2-4-19　　　　　　　圖 2-4-20

4-19）

　4. 上動不停。右掌向前下落，垂靠在右胯旁。（圖 2-4-20）

【實戰擊法】

　透過之字形步法訓練，斜進以避開對方攻擊，接直進炮刀，刀身含推、銼、撩勁力，均具有攻防一體效果。

第五節　五行刀之五 —— 橫刀

橫刀的動作說明

一、預備勢

橫刀預備勢與劈刀動作一、二、三同，故圖 2-5-1 至

圖 2-5-7　　　　　　　　圖 2-5-8

圖 2-5-6 從略，動作從圖 2-5-7 開始。

二、進提步上步左橫刀

1. 借右腳後蹬，重心前移，左腳前墊一腳，右腳跟進成右提步；同時，借上身左擰之力，右手刀立刃向前刺刀，刀高不過肩；左掌在刀刺出同時，抓握刀柄後部，助右手刀前刺之勁。（圖 2-5-8）

2. 動作不停。借左腳後蹬，右腳前趟一大步，左腳隨即跟進成左提步；同時，雙手持刀，纏頭至背後頭上，刀背貼身，刀尖向下；目視腳尖前上方。（圖 2-5-9）

3. 上動不停。左腳向前進方向左 45°趟進一大步，隨即右腳跟進半步，成左腳在前的左橫拳步（即兩腳跟之間相距一腳距離的小步三體式）；同時，雙手持刀，斜肩帶背向左腳前上方斜劈刀，刀身高與胸平，力達刀全刃；目視刀前方。（圖 2-5-10）

圖 2-5-9

圖 2-5-10

【要領】

1. 左右提步與刺、掛刀應求步遠式穩，刺刀掛刀要協調有力，與腿腳配合，腳到刀到。

2. 纏頭進步斜劈刀應內含推、截、劈等勁力。

三、進步右橫刀

1. 借右擰上身及右腿後蹬、左膝裏扣前頂之力，左腳

圖 2-5-11

向右前進方向 90°（也就是前進方向向右 45°）邁出一步，右腳隨即跟進成右提步；同時，雙手持刀，撩刃向前、向右外掛後，裹腦使刀背貼身，刀尖向下，雙手持刀柄在頭上方；目視左腳前上方（圖 2-5-11）

圖 2-5-12

圖 2-5-13

2. 上動不停。右腳借左腳後蹬之力，向左腳尖前方趨進一大步，左腳跟進半步成右橫拳步；同時，借上身右擰，雙手持刀，裹腦後掩著左肩，刀刃斜向右下，向右腳尖前方斜劈刀，刀身胸平，力達刀刃，目視前方。（圖 2-5-12）

【要領】

1. 上身勁力和刀法與進提步上步左橫刀要領相同，唯左右動作相反。

2. 左膝裏扣前頂趨出一步，要借右擰身及右腿後蹬之力。

接著視場地長短和體力情況，可重複練習左右進步橫刀，亦可左右轉身往回練。現介紹左回身勢，右回身勢動作與左回身勢動作只是左右相反，動作要領相同。

圖 2-5-14

圖 2-5-15

四、回身左橫刀

1. 借左轉身，右腳邊裏扣腳尖，邊向左腳外側弧形扣步（扣步落腳後的腳尖方向為回頭後的前進方向）；同時，借左轉身，撩刃在前，雙手持刀向左上方揮轉 225°截刀，刀尖高與頭頂平，力達刀背及撩刃；眼睛隨刀走。（圖 2-5-13）

2. 上動不停。繼續借左轉身，使左腳邊擰轉邊提靠在右踝裏側成左提步；同時，雙手持刀纏頭至背後，刀尖向下，刃朝外；目視右腳尖前上方。（圖 2-5-14）

3. 上動不停。左腳向前進方向左 45°趟進一大步，隨即右腳跟進半步，成左腳在前的左橫拳步；同時，借上步左轉身，雙手持刀，掩右肩帶背向左腳前上方斜劈刀，刀身高與胸平，力達刀全下刃；目視刀前方。（圖 2-5-15）

圖 2-5-16

【要領】

1. 要求在身轉折、腳變向時，身械協調、靈活，一樣發揮橫刀勁力來。

2. 橫刀發力方向與動作二（進提步上步左橫刀）發力方向同。

練到起勢位置，並且與起勢同方向的圖 2-5-16 時方可收勢。

五、收　勢

收勢動作圖解及要領與炮刀七（收勢）相同；故圖 2-5-17 及後從略。

【實戰擊法】

纏頭裹腦既是顧法，又是蓄力的過程，配合左右斜進的步法，化解對方攻擊，最後利用斜肩帶背的橫刀殺傷對方。

第三章　形意傳統槍術

槍在武術器械中歷來被稱為「百刃之王」。在演練運行中要有剛有柔，重身法，善變化，給人以上下翻飛、變幻莫測的感覺和氣勢。形意槍和拳一樣，講究起落鑽翻，腰為力源，前後兩把（兩手）相輔相成，顧打一體，所以同樣的槍術動作「攔拿紮」與形意槍中「崩扣紮」在勁力和威力上就不同了。

有人說形意拳是從槍術中變化出來的，其淵源姑且不論，但就拳械一體來說，還是毫無疑義的。形意拳和形意槍勁力互補，相得益彰，它們都是在五行單趟槍術練習過程中，練功找勁磨礪而出的。

第一節　五行槍之一 —— 劈槍

劈槍的動作説明

一、預備勢

兩腳跟併攏成立正姿勢，頭頂、下頜微收、齒叩舌頂、周身自然放鬆；左手所持的槍立於左腳旁，右手五指併攏，自然垂於右胯旁；眼睛目視前方。（圖 3-1-1）

圖 3-1-1

圖 3-1-2

二、三體式持槍

1. 右掌外旋翻轉，使之手心向上，由體右側直臂上舉，繼而經臉前向左、向下按掌，落於左肋前，掌心斜向下；眼睛隨右手動，最後目視左前方。（圖 3-1-2）

2. 上動不停。借左擰身，左手貼身上提槍至胸前；同時，右手借左手上提槍，順左

圖 3-1-3

手下端邊滑握至槍後把根部，邊向兩腳前方前擺，手心向下，使槍桿平中部置於胸前；目視左前方。（圖 3-1-3、3-1-3 附圖）

圖 3-1-3 附圖

3. 上動不停。左腳尖外展向左前方，右腳後撤一步成左三體式椿步；同時，借右擰身，雙手持槍（桿貼身）右擺扣槍至左腳上方，右手持槍把根貼右肋，左肘微彎，左手心向下；目視槍尖。（圖 3-1-4）

圖 3-1-4

【要領】

1. 擺臂、擺頭要輕鬆自然。

2. 借左、右擰身及活把、撤步，要求動作上下協調一致。

三、進步右劈槍

1. 借重心前移，左腳墊上一步，左膝前頂，右腿蹬直，成左弓步；同時，右手推把向前刺槍，槍身平，高與肩平；目視槍前方。（圖3-1-5）

2. 上動不停。右腳隨之跟進，貼靠右踝裏側成右提步；同時，右手活把，左手握後把回拉槍至右肩前；目視槍前方。（圖3-1-6）

3. 上動不停。借左擰身，右腿前邁一步，兩腳成右三體式椿步；同時，左手持後把，邊裏旋邊回拉下落，至左胯前；右手持槍，亦隨之邊抒把邊下壓，至腹高時握把使

圖3-1-5

圖 3-1-6

槍前端下劈，力貫前端，形成上步下劈發勁之勢；目視槍
尖。（圖 3-1-7）

【要領】

1. 左弓步是過渡性步型，右提步應與前刺槍一致，要

圖 3-1-7

求是提步穩實，力貫槍尖。

2. 借左擰腰，右腳貼地向前踩落，與左手後拉，右手下壓形成一體，使之槍前端下劈，反映「槍空勁中變」的特色，與「岳飛摔槍」技法勁力相同。

四、進步左劈槍

1. 兩腳不動，借重心前移，右膝前頂，左腿蹬直成右弓步；同時，左手推把向前刺槍，槍身平，高與肩平；目視槍前方。（圖3-1-8）

2. 上動不停。左腳跟進一步提靠右踝裏側，成左提步；同時，左手滑握桿，右手握後把回拉槍至左肩前；目視槍前方。（圖3-1-9）

3. 上動不停。借右擰身，左腿前邁一步，成左三體式樁步；同時，右手持把，邊裏旋邊回拉下落，至右胯前；左手持槍，亦隨之邊捋把邊下壓至左腳上方時，握把使槍

圖3-1-8

尚派形意拳械抉微

第二輯

168

圖 3-1-9

前端下劈，力貫槍前端，成左劈槍式；目視槍前端。（圖
3-1-10）

【要領】

與右劈槍要領同，唯左右相反。

圖 3-1-10

接著視場地和體力，可重複向前左右進步劈槍，若回身可左右轉身回頭。現介紹右轉身回頭，左轉身回頭的動作及要領相同，唯左右動作相反。

五、右轉身回頭

1. 左腳以腳跟為軸，裏扣腳尖；同時，借上身右擰，左手橫捋把，向右平擺搶 180°；眼睛隨槍尖轉動。（圖 3-1-11）

2. 上動不停。重心後移左腿，右腳隨之擰轉，腳尖向槍尖方向回撤左踝裏側成併步；同時，左手改持後把回拉至左胯旁；右手持槍，向前滑把至右腳尖前上方，槍高與心口平；目視槍尖前方。（圖 3-1-12）

【要領】

轉身回頭時重心不能有起伏，轉身平竄把平擺槍要一致且協調。

圖 3-1-11

圖 3-1-12

六、進步左劈槍

右轉身回頭後的進步左劈槍與動作四（進步左劈槍）動作要領相同，只是方向相反。（圖 3-1-13～圖 3-1-15）

圖 3-1-13

圖 3-1-14

圖 3-1-15

　　至此可重複練左右劈槍和左右轉身回頭，當練到起勢
位置且同方向的圖 3-1-16 時方可收勢。

圖 3-1-16

七、收　勢

　　1. 左腳尖裏扣，重心前移左腿成橫襠步；同時，右手邊上捋把邊前推槍桿，使槍桿垂直落於左腳外側；左手隨肘尖外翹而擰轉，使之左手心向下，槍桿上端貼靠左上臂前；目視左方。（圖3-1-17）

　　2. 上動不停。隨左腿直立，右腳跟並靠在左腳跟成立正姿勢；同時，右手變掌，貼身前經下向右、再向上、向左擺掌，下落按掌於左肘裏側；頭隨右臂轉動後，目視左肩前

圖 3-1-17

圖 3-1-18　　　　　　　圖 3-1-19

方。（圖 3-1-18）

　　3. 接著右掌擺落至右腿外側；頭部轉正，目視前方。（圖 3-1-19）

　　【要領】

　　自然協調，精神飽滿。

　　【實戰擊法】

　　搶提步刺槍以利主動進攻。若對方由步法和器械變化反過來攻擊我時，我則用劈槍（摔槍）劈砸對方器械，使其喪失攻擊力，甚至器械脫手，充分反映「槍紮一條線，槍空勁中變」的形意槍技法特色。

第二節　五行槍之二──鑽槍

鑽槍動作說明

一、預備勢

　　動作圖解及要領與劈槍動作一、二相同，故省略，動作圖片從圖 3-2-4 開始。

二、進步右鑽槍

　　1. 左腳前墊一步，重心前移成左弓步；同時，右手持槍後把向前刺槍，槍身平，高與肩平；目視槍前方。（圖 3-2-5）

圖 3-2-4

圖 3-2-5

2.上動不停。右腳隨即跟進成右提步；同時，借上身左擰，右手心向上滑握槍身；左手改持後把，邊裏旋前臂邊向上回拉後把至嘴前，左手心向外，兩手配合使槍尖順時針畫一圓；目視槍前方。（圖 3-2-6）

圖 3-2-6

圖 3-2-7

3.上動不停。右腳前趨一大步，左腳隨之跟進半步成右三體式；同時，左手持槍後把，外旋前臂，手心向右，使槍逆時針畫一圓，向前推刺槍，槍尖與肩高，右臂微屈儘量伸出，左手持後把置右肘窩旁；目視槍前方。（圖3-2-7）

【要領】

1.順、逆時針兩個鉸槍要求畫出兩個約二尺的立圓，槍身前部內含撥、鉸、搓勁力。

2.兩手配合圈鉸槍及最後鑽槍，要借趨勁上步及擰腰之力，要求上下相隨，步到械到。

三、進步左鑽槍

1.右腳借重心前移，墊上一步成右弓步；同時，左手持後把向前刺槍，槍身平，高與肩平；目視槍前方。（圖3-2-8）

圖 3-2-8

2. 上動不停。左腳跟進成左提步；同時，借上身右擰，左手心向上滑握槍身；右手改持後把，邊裏旋前臂邊向上回拉後把至嘴前，右手心向外，兩手配合使槍尖逆時針畫一圓；目視槍前方。（圖 3-2-9）

圖 3-2-9

圖 3-2-10

3. 上動不停。左腳前趨一大步，右腳隨之跟進半步成左三體式步；同時，右手持後把，邊外旋前臂，使槍順時針畫一圓，同時向前推刺槍，槍尖高與肩平，此時左肘微屈，臂儘量伸出；右手持後把置於左肘窩旁；目視槍前方。（圖 3-2-10）

【要領】

動作要領與進步右鑽槍相同，唯左右相反。

接著視場地和個人體力，可重複向前左右進步鑽槍。若回頭，左右都可轉向回頭。現介紹右轉身回頭，左轉身回頭動作及要領相同，唯左右相反。

四、右轉身回頭

1. 左腳以腳跟為軸，裏扣腳尖；同時，借上身右擰，左手平捋把，向右平擺槍 180°；眼睛隨槍尖轉動。（圖 3-2-11）

圖 3-2-11

2. 上動不停。重心後移左腿，右腳隨之擰轉，腳尖向槍尖方向，回撤到左踝裏側成併步；同時倒把，左手持後把回拉至左胯旁；右手持槍向前滑把到右腳尖前上方，槍身高與心口平；目視槍前方。（圖3-2-12）

【要領】

扣步轉身回頭時重心不能有起伏，轉身、平擺槍要協

圖 3-2-12

調一致。

五、進步左鑽槍

右轉身回頭後的進步左鑽槍與動作三（進步左鑽槍）動作要領相同，只是方向相反（圖 3-3-13～圖 3-2-15）

圖 3-3-13

圖 3-3-14

圖 3-2-15

圖 3-2-16

至此可重複練左右鑽槍和左右轉身回頭，當練到起勢位置且同方向時（圖 3-2-16）方可收勢

六、收　勢

鑽槍收勢動作及要領與劈槍動作七收勢相同，故圖 3-2-17 至圖 3-2-19 及動作說明從略。

【實戰擊法】

1. 不管是順時針還是逆時針鉸圈槍，都內含撥、鉸、銼勁力，是槍術顧法主要形式。

2. 鑽槍就是「穿袖槍」，內含貼、銼對方器械，封住對方攻擊路線，同時順對方持器械的手臂攻擊對方。

第三節　五行槍之三 —— 崩槍

崩槍的動作說明

一、預備勢

動作圖解及要領與劈槍中動作的一、二相同，故圖 3-3-1 至圖 3-3-3 從略，動作圖片從圖 3-3-4 開始。

圖 3-3-4

二、上步崩槍

借右腳後蹬及腰催胯、膝、足的三催勁，左腳屈膝貼地前趟、踩落，右腳隨即跟進成左崩拳步（右膝緊抵左膝窩後裏側，左腳尖向前，右腳尖外擺 45°，兩腳跟之間距離間隔一拳）；同時，借左轉身，右手握把抖腰前推，使槍尖向前猛力紮出，兩臂微墜肘中儘量伸長，槍紮平，高與胸平；目視槍前方。（圖 3-3-5）

【要領】

1. 在三體式椿步中，要求趟出前腳，且後腳馬上跟進成崩拳步。這一步法要單練，求得力實、勁猛、步大，且重心不能有起伏。

2. 借上步抖腰刺槍，快且實，要求身械協調，上下完整一氣。

圖 3-3-5

三、進步崩槍

1. 左腳向前趟邁一步成左三體式樁步；同時，借右擰身，右手握後把邊回拉邊下壓至右胯前，拳心面貼胯，左手亦隨之前捋把邊下壓，至左腳上方腹高時定把，使勁達於槍前端；目視槍前方。（圖3-3-6）

2. 借右腿後蹬，左腳向前擠墊一步，隨之右腳跟進成左崩拳步；同時，借左轉身，右手握把前推，左手滑把支撐，使槍尖向前猛力絷出，槍平高與肩平；目視槍前方。（圖3-3-7）

【要領】

1. 在圖3-3-6、圖3-3-7中可練只上前腳不跟後腳的定步崩槍，也可練成上前腳跟後腳的進步崩槍。

2. 圖3-3-6中勁力很接近劈槍勁力，同時要求步到械到勁到。

圖3-3-6

圖 3-3-7

接著重複往前練進步崩槍，待轉身回時，只能右轉身回頭。

四、右轉身勢

1. 右腳後撤半步成左三體式樁步；同時，左手滑把，右手持後把回拉腹前。（圖 3-3-8）

圖 3-3-8

2. 上動不停。左腳尖裏扣，借右轉身，右腿屈膝提起，邊外擺右腳尖邊向前蹬腳（蹬出的右腳高不過胯，力達腳跟及腳掌外緣）；同時，右手持後把，屈臂回拉至鼻前、右腿上方（即回頭後前進方向），槍桿貼身；目視右手後把。（圖3-3-9）

3. 上動不停。左腳不動，右腳尖外展、屈膝向前下踩落成退步崩拳步（重心前三後七，右膝微彎前挺，右腳尖外擺45°；後膝彎曲，左膝蓋抵右膝後窩，左腳尖向回頭後前進方向）；同時上身右擰，右手後把向下、向回拉把至右胯前；左手經上向前下捋把劈槍，定勢後左手持槍，高與胸口平；目視槍尖。（圖3-3-10）

【要領】

1. 扣左腳尖及重心移動要與右轉身一致。

2. 拉右把與右蹬腳、劈槍與右腳踩落要求上下一致，一氣呵成。

圖3-3-9

圖 3-3-10

五、進步崩槍

右轉身墊右腳後進步崩槍與動作三（進步崩槍）動作要領相同，只是方向相反（圖 3-3-11、圖 3-3-12）

至此可重複練進步崩槍和右轉身回頭，當練到起勢位置且同方向時（圖 3-3-13）方可接退步上崩槍及收勢。

圖 3-3-11

圖 3-3-12

圖 3-3-13

六、退步上崩槍

1. 身體重心後移，右腳後撤一大步成左弓步（過渡性步型）；雙手持槍不動；目視槍前方。（圖3-3-14）

2. 上動不停。左腳貼地經右踝裏側向後蹉落，成退步崩拳步；同時，右手握後把，借撤步之力向後、向下拉

圖 3-3-14

壓，落至右胯前；左手同時先向上捋把，然後至胸口前方屈臂握把，使槍前端上崩，形成退步仍能上崩發勁之勢；目視槍尖。（圖 3-3-15）

圖 3-3-15

【要領】

1. 左腳貼地向後踩落與右手向後拉壓以及左手向上挺把、握把使槍上崩要借腰力，上下協調，練出周身一體的完整勁。

2. 退步上崩槍如退步崩拳一樣，要練出「進也打，退也打」的特色，並使身力達於槍身。

七、收 勢

1. 借重心前移，左腳尖裏扣，向前邁出一步成橫襠步；同時，右手邊上挺把邊前推槍桿，使槍桿垂直落於左腳外側；左臂裏旋使肘尖外翹，左手心向下，槍桿上端貼靠左上臂前；目視左方。（圖3-3-16）

圖3-3-17、圖3-3-18與劈槍收勢中圖3-1-18、圖3-1-19的動作要領相同，故從略。

圖3-3-16

【實戰擊法】

因崩槍總是左腳在前上步，故稱為「半步崩槍」。連續趙左腳跟右腳要求步大、步快且勁實，充分反映崩槍「硬打硬進」的特色。借助身力發出崩槍，就與單純手臂運動的刺槍味道不同，崩槍槍紮咽喉或胸部，一旦對方躲過，且持械向我攻來，我則用劈槍砸向對方兵器或身體。

第四節　五行槍之四 ── 炮槍

炮槍的動作說明

一、預備勢

炮槍起勢動作圖解及要領與劈槍動作一、二相同，故圖 3-4-1 至圖 3-4-3 從略，動作圖片從圖 3-4-4 開始。

圖 3-4-4

二、進步左炮槍

1. 借右腳後蹬，重心前移，左腳前墊一步，右腳隨即跟進，提靠左踝裏側成右提步；同時，左手滑把，右手持後把前推刺槍，槍身平，高與胸平；目視槍前方。（圖 3-4-5）

2. 上動不停。右腳前趙一大步，左腳隨即跟進成左提步；同時，借右擰身，左手持後把，裏旋回拉下落至左胯前；右手邊上捋把邊向身右側上弧線掛槍；目視槍身。（圖 3-4-6）

3. 上動不停。借右腳後蹬，左腳向前進方向左 45°趙進一大步，右腳隨即跟進，成兩腳跟相距一腳遠的左炮拳步；同時，借上身左擰，右手邊下捋把、邊經身右側下弧線向左腳尖上方發撐勁挑槍；同時，左手持後把裏旋前臂，反手向前刺槍，槍身平，高不過眉；目視槍尖。（圖 3-4-7）

圖 3-4-5

圖 3-4-6

圖 3-4-7

【要領】

1. 兩個右左上提步，步要大而穩、身體不能前傾及有起伏。

2. 左炮槍時，右手捋把向前下弧線向上發推、銼、撐勁；左手裹旋，同時，反手刺槍要求路線流暢，勁力順達。

圖 3-4-8

三、進步右炮槍

1. 借右擰上身，右腳不動，左膝裏扣，左腳向前進方向右 45°墊上一步；同時，左手不動；右手下畫弧捋把擺槍尖至左腳尖前上方；目視槍尖轉動。（圖 3-4-8）

2. 上動不停。右腳跟進，貼靠左踝裏側成右提步；同時，右手下捋把；左手上捋把，貼身左側上弧線擺槍至左肩前方；眼睛隨槍身轉動。（圖 3-4-9）

3. 上動不停。右腳向前進方向右 45°趟進一大步，左腳隨之跟進成右炮拳步；同時，借上身右擰，左手邊上捋

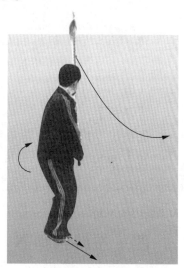

圖 3-4-9

圖 3-4-10

把，邊經身左側下弧線向右腳尖前上方發撐勁；右手持後把裏旋前臂，反手向前刺槍，槍身平，高不過眉；目視槍尖。（圖 3-4-10）

【要領】

與進步左炮槍路線要領基本相同，唯左右相反。

接著重複演練左、右炮槍，待轉身回頭時，可左右轉身回頭。現介紹左轉身回頭，與右轉身回頭的動作及要領相同，唯左右動作相反。

四、左轉身回頭

隨身體左轉，右腳尖邊裏扣，邊向左腳尖前裏擺扣步；同時，借左擰上身，右手持後把不動；左手邊上捋把、邊下弧線向回頭前進方向擺槍；頭隨槍尖轉動。（圖 3-4-11）

【要領】

擺扣右腳與擺槍要借左擰身之力，上下協調一致。

圖 3-4-11

圖 3-4-12

五、進步左炮槍

　　左轉身回頭後的進步左炮槍與動作二（進步左炮槍）動作要領相同，只是方向相反。（圖 3-4-12、圖 3-4-13）

圖 3-4-13

圖 3-4-14

至此可重複練左右炮槍和左右轉身回頭，當練到起勢位置且同方向的圖 3-4-14 時方可收勢。

六、收　勢

炮槍收勢動作和要領與劈槍收勢同，唯收勢後站位置方向向右轉 45°，參看圖 3-4-15 至圖 3-4-17，文字說明從略。

【實戰擊法】

1. 由步伐變化，變化角度，禦敵和攻敵。

2. 練炮槍時，前手抅把下弧線向前發推、銼勁，使身械合一的撐勁得發。格開對方器

圖 3-4-15

圖 3-4-16　　　　　　　圖 3-4-17

械，後手隨之反手刺槍殺傷對方。

第五節　五行槍之五 —— 橫槍

橫槍的動作說明

一、預備勢

橫槍起勢動作圖解及要領與劈槍動作一、二相同，故圖 3-5-1 至圖 3-5-3 從略，動作圖片從圖 3-5-4 開始。

二、進步左橫槍

1.借右腳後蹬，重心前移，左腳前墊一步，右腳隨即跟進，提靠左踝裏側成右提步；同時，左手滑把，右手持後把前推刺槍，槍身平，高與胸平；目視槍前方。（圖 3-5-5）

圖3-5-4

2. 上動不停。右腳前趟一大步，左腳隨即跟進成左提步；同時，借右擰身，左手改持後把，邊裏旋邊回拉至右腋下；右手邊上捋把，邊向身右上方順時針圈槍；目視腳尖前上方。（圖3-5-6）

圖3-5-5

圖 3-5-6

3. 上動不停。借右腳後蹬，左腳向前進方向左 45°趨
進一大步，右腳隨即跟進，成兩腳跟之間相距一腳遠的左
橫拳步；同時，借上身左擰，右臂外旋、左臂裏旋，雙手
配合向左腳尖前上方橫槍，槍身與肩高；目視槍身。（圖
3-5-7）

圖 3-5-7

【要領】

1. 左提步順時針圈槍要求上下協調，此為蓄力待發動作。

2. 橫槍是雙手定把橫擊，並與左腳上步叫齊，要求發勁迅猛，力達槍身前端。

三、進步右橫槍

1. 借右擰上身，左膝裏扣，左腳向前進方向右 45°墊上一步，右腳隨即跟進成右提步；同時，借上身右擰，右手下捋串把至後把端，回拉至左腋下；左手邊上捋把，邊逆時針圈槍；目視腳尖前上方。（圖 3-5-8）

2. 上動不停。右腳向前進方向右 45°趲進一大步，左腳隨之跟進半步成右橫拳步；同時，借上身繼續後擰，右臂裏旋、左臂外旋，雙手配合向右腳尖前上方推出槍身，定把發出橫槍勁，槍身與肩同高；目視槍前端。（圖 3-5-9）

圖 3-5-8

圖 3-5-9

【要領】

與進步左橫槍路線要領基本相同，唯左右相反。

接下來可重複演練左、右橫槍，待轉身回頭時，橫槍可左右轉身回頭。現介紹左轉身回頭，與右轉身回頭的動作及要領相同，唯左右動作相反。

四、左轉身回頭

隨身體左轉，右腳尖邊裏扣、邊向左腳尖前裏擺扣步，扣步後右腳尖方向即為回頭後的前進方向；同時，借左擰上身，右手持後把不動；左手邊上扽把、邊下弧線向回頭前進方向擺槍；頭隨槍尖轉動。（圖3-5-10）。

【要領】

擺扣右腳與擺槍要借左擰身之力，要求身械運動流暢、協調。

圖 3-5-10

五、進步左橫槍

左轉身回頭後的進步左橫槍與動作二（進步左橫槍）動作要領相同，只是方向相反。（圖 3-5-11、圖 3-5-12）

圖 3-5-11

圖 3-5-12

至此可重複練左右橫槍和左右轉身回頭，當練到起勢位置且同方向的圖 3-5-13 時方可收勢。

圖 3-5-13

六、收　勢

　　橫槍收勢動作和要領與劈槍收勢同，唯站位方向與炮槍同，就是向左轉 45°。文字圖說明從略。

　　【實戰擊法】

　　由進步鉸圈槍，撥鉸對方器械，隨之斜進直取發出橫槍，用槍前端的顫抖力，橫擊對方頭部或上身。

第四章　形意傳統劍術

劍術演練特點應有剛有柔，運用自如，輕快敏捷，瀟灑飄逸，加之有韻律的身法，能給人以美的享受。而形意劍術的演練則突出其拳術風格，即在輕鬆自然中求剛實勇猛，同樣講「硬打硬進」。「硬打硬進」風格看似與劍的性能特點相悖，其實不然，它不是魯莽地劈或架，去硬碰對方器械，而是運用形意拳特有的步法轉換，單手或雙手持劍變化。在防守時均含有掛、帶、抹、截等劍法，在進攻時均含有推、銼、順截、劈、刺等劍法。

利用「沾身縱力」的形意特點，用劍面去沾貼對方器械後再發力，突出反映形意拳在劍術上也是講練功找勁的特點，而不是取悅觀眾、只講招數的劍法。

下面介紹的劈、鑽、崩、炮、橫五行單趟劍均為尚派演練方法，動作看似簡單，其實內含豐富劍法，願與有德之士共用之。

第一節　五行劍之一 —— 劈劍

劈劍的動作說明

一、預備勢

兩腳跟併攏，兩腳尖間夾角成 45°，立正姿勢，沉

肩、豎項、下頜微收、頭頂、齒叩舌頂，周身放鬆，目視前方；兩臂自然下垂，兩肘與肋間約 5 公分間距；左手倒執劍，以拇指和小指、無名指、中指攏握護手，食指伸直以抵住劍柄，劍身貼在左前臂之後側，並與地面垂直；右手成劍訣指，手心向後。（圖 4-1-1）

二、三體式接劍

1. 右手訣由身右側略屈臂，弧形上舉至右耳側頭上時甩腕亮訣，劍訣指向左肩方向；先目視右訣擺起，然後轉頭目視左方。（圖 4-1-2）

2. 上動不停。左腳向左肩方向邁出一步，右腳尖隨之裏扣成左椿步；同時，右臂下落，左臂上舉至兩臂與肩平後，屈兩前臂向胸前併攏，使持劍左手位於心口，手心向外；右手心向裏，食指抵劍柄及護手，其餘四指攏握劍

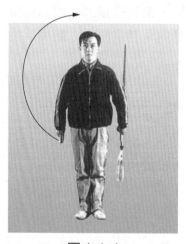

圖 4-1-1

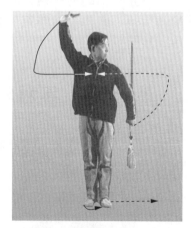

圖 4-1-2

柄；目視左方（圖4-1-3）；
隨即變右手持劍，左手變劍
訣，以準備下動。

【要領】

1. 右手甩腕亮訣與左轉頭
同時進行，協調一致。

2. 左抬右落前臂及胸前併
攏要與左腳邁出一步協調一
致。

3. 左前臂上抬裏合時，劍
身根部要緊貼左前臂。

圖 4-1-3

三、三體式帶劍

1. 下肢不動；右手持劍，邊外擰邊平掃，手心向上擺
劍至與肩同高的右腳後方；同時，左手訣邊外擰邊弧線擺
至左腳上方，訣
高與肩平，虎口
向上；眼睛看著
右手，使頭轉至
後方。（圖 4-
1-4）。

圖 4-1-4

圖 4-1-5　　　　　　　　圖 4-1-6

2. 上動不停。重心略後移，使左腳回撤成左腳在前的併步；同時，右手持劍，下刃在前，貼右耳側下劈至左腳尖前方與胸同高；左訣指邊外擰邊下弧線穿至胸前，指尖向上，虎口向前；頭隨右手轉至左腳前方，目視劍尖。（圖4-1-5）

3. 上動不停。左腳邁出一步成左椿步；同時，左訣指邊裏擰邊上弧線伸出，高與肩平；右手帶劍柄至右胯旁；目視左訣前方。（圖 4-1-6）

【要領】

1. 掄臂擺訣帶劍要輕鬆自然，相輔相成，並與擺頭眼神配合。

2. 帶劍至右胯旁，須右腕控制劍身，使劍身平，劍尖向前。

四、進步右劈劍

1. 借右腿後蹬，重心前移，左腳前趟半步，右腳隨之跟進成右提步；同時，右手心向下持劍前刺；左手訣變掌，抓握劍柄後端；目視劍前方。（圖4-1-7）

2. 上動不停。右腳前趟一大步，左腳隨之跟進成右椿步；同時，雙手持劍，向身前左上、右前雲劍一周後斜向前劈劍，劍尖高不過頭；目視劍前方。（圖4-1-8）

【要領】

1. 雲、劈劍時要借上步、左轉身慣性，步到劍到，一氣呵成。

2. 雲劍時，力達劍上刃，有截擊之意。下劈時，力達劍下刃，要求身械協調，完整一體。

圖 4-1-7

圖 4-1-8

五、進步左劈劍

1. 右腳撤回成右腳在前併步；同時，雙手持劍，抹帶回拉至左胯前，右手心向上，左手心向下；劍尖高與肩平，目視劍尖。（圖4-1-9）

2. 右腳前趨一步，左腳跟進成左提步；雙手持劍向前上方刺劍，劍尖高不過頭；目視劍尖。（圖4-1-10）

3. 動作不停。左腳前趨一大步，右腳隨之跟進成左椿步；同時，雙手持劍，向身前右上、左前雲劍一周後向前斜劈劍，劍尖高不過頭；目視劍前方。（圖4-1-11）

【要領】

與進步右劈劍要求同，唯左右劍相反。

接下來可重複演練左右劈劍，待轉身回頭時，可左右回身。現介紹右轉身勢，左轉身勢的動作及要領相同，唯左右方向相反。

圖 4-1-9   圖 4-1-10

圖 4-1-11

六、右轉身勢

1. 借右轉身，左腳以腳跟為軸，裏扣腳尖成內八字腳，重心不變；同時，雙手持劍，邊外撐劍身邊右轉身 180° 帶劍，劍尖高不過頭；眼睛始終目視劍尖。（圖 4-1-12）

圖 4-1-12

2. 上動不停。重心後移左腿，使右腳後撤成右腳在前的併步；同時，雙手帶劍至左腹前，右手心向上，左手心向下持劍柄，劍尖高與肩平；目視劍尖。（圖 4-1-13）

【要領】

1. 借右轉身，帶劍及重心轉移自然和諧。

2. 右帶劍 180°，力在劍

圖 4-1-13

上刃，有上截保護自身頭、肩之意，帶劍併步有回拉帶銼對方器械之法。

以上是傳統形意劈劍前半趟至回頭。如接練後半趟，則借身體右擰，接「進步左劈劍」。視場地長短，可重複動作前進，可左右回頭往回練，故前後半趟動作相同，左

右回頭動作亦同，只是方向相反。

七、收　勢

不管是左右回頭，都應練至起勢附近，且同方向的左劈劍時（圖4-1-14～圖4-1-16）方可收勢。

圖 4-1-14

圖 4-1-15　　　　　　圖 4-1-16

圖 4-1-17

1. 右腳後撤半步成左弓步；左手變劍訣按於右肘窩處；右手持劍外下掛一周，劍尖高不過頭；目視前方。（圖 4-1-17）

2. 上動不停。借重心後移、右轉身，左右兩腳以腳跟為軸右擰腳尖成右弓步；同時，右手外擰，手心向上，劍上刃在前，使劍經身前向右橫掃至右腳上方，劍身高與肩齊；左前臂於身左側，高與肩平，訣手心向前；頭隨劍身轉動，定勢後目視劍前方。（圖 4-1-18）

3. 上動不停。借重心左移，裏扣右腳尖成橫襠步；同時，右手劍經身前裏下掛一周後，手心向上，經身前向左橫掃劍，右手劍接近左肩前方時，迅即向裏翻腕，使手心向外，將劍護手貼於左手；同時，左前臂裏擰旋訣接劍，使之與上臂成直角，使劍面成立刃貼於左前臂外側；眼睛隨劍走。（圖 4-1-19）

4. 上動不停。重心左移，右腳撤至左腳裏側成併步立

圖 4-1-18

圖 4-1-19

圖 4-1-20

正；右手變訣，裏旋前臂至頭右側上方甩腕亮訣，訣指尖向左；同時，左手持劍下落垂於左胯旁；眼睛隨右訣擺至頭右上方後，迅即擺頭目視左肩前方。（圖 4-1-20）

5. 上動不停。右手訣向前下落於右胯旁，劍指向下，手心向右；同時，轉頭目視前方。（圖 4-1-21）

【要領】

眼神、手腳協調一致，自然、精神。

【實戰擊法】

由上步轉身帶動雙手持劍做斜雲劍、抹帶劍，以封、絞、抹帶對方器械，隨即斜劈劍殺傷對方。

圖 4-1-21

第二節　五行劍之二 —— 鑽劍

鑽劍的動作說明

一、預備勢

動作圖解及要領與劈劍動作一、二、三相同，故圖 4-2-1 至圖 4-2-5 從略，動作圖片從圖 4-2-6 開始。

二、進步右鑽劍

1. 借重心前移，左腳向前墊出一腳，右膝伸直成左弓步；右手持劍，向前立刃直刺，劍尖高不過肩；左訣指略

圖 4-2-6

圖 4-2-7

下落按於右脈門；目視劍前方。（圖 4-2-7）

　　2. 上動不停。右腳跟進提靠於左踝裏側，成右提步；同時，左訣變掌，握劍柄後部，雙手合力邊順時針絞劍，邊回拉帶劍至左跨前，絞劍畫圓要上護頭，左右護住兩

圖 4-2-8　　　　　　　　圖 4-2-9

肩，帶劍後右手心向上，左手心向下；目視前方。（圖 4-2-8）

　　3. 上動不停。右腳前趨一大步，左腳隨之跟進成右椿步；同時，雙手配合（左手外擰，右手裏擰）使劍向前刺出，劍尖高不過頭，成右手心向下，左手心向上握劍；目視前方。（圖 4-2-9）

　　【要領】

　　1. 提步絞帶劍要上下相隨，力達劍身前半部上下刃。

　　2. 右鑽劍時劍借腿、腰力，鑽劍過程中劍身內含螺旋，不但攻擊力倍增，還具有顧法勁力，充分反映傳統武術「穿袖劍」的獨特技藝。

三、進步左鑽劍

　　1. 右腳撤回至左踝裏側併步；雙手持劍配合（左手裏擰，右手外擰）回拉帶劍，使右手心向上，左手心向下握

圖 4-2-10

圖 4-2-11

劍落於左腹前；目視前
方。（圖 4-2-10）

　　2. 右腳前趨一步，
左腳隨之跟進成左提
步；同時，雙手持劍，
邊前刺劍邊逆時針絞劍
後，迅速帶劍至左腹前
（右手心向上，左手心
向下）；目視前方。
（圖 4-2-11）

圖 4-2-12

　　3. 動作不停。左腳
前趨一大步，右腳隨之跟進成左樁步；同時，雙手配合
（左手裏擰，右手外擰）將劍向前刺出，劍尖高不過頭，
成右手心向上、左手心向下握劍；目視前方。（圖 4-2-
12）

【要領】

與動作二（進步右鑽劍）要求同，唯左右劍相反。

接下來可重複演練左右鑽劍，可左右回頭，現介紹右回身勢，左回身勢的動作及要領相同，唯左右方向相反。

四、回身勢

1. 借右轉身，左腳以腳跟為軸，裏扣腳尖成內八字腳，重心不變；同時，借右轉身 180°帶劍，劍尖高不過頭；眼睛始終目視劍尖。（圖 4-2-13）

2. 上動不停。重心後移，使右腳後撤成右腳在前的併步；同時，雙手帶劍至左腹前，目視劍尖。（圖 4-2-14）

【要領】

1. 借右轉身、帶劍及重心轉移自然和諧。

2. 右帶劍 180°，力在劍上刃，有上截對方器械保護自身頭肩之意。併步帶劍力在劍身下刃，有回拉帶銼對方器

圖 4-2-13

圖 4-2-14   圖 4-2-15

械之法。

五、收　勢

　　視場地、體力可多次重複練習，亦可左右回頭，但都應練至起勢附近，且同方向的左鑽劍時（圖 4-2-15）方可收勢。收勢動作圖解及要領與劈劍收勢（圖 4-2-16～4-2-21）同，故從略。

　　【實戰擊法】

　　由身械合一的絞、帶劍，封住對方的器械進攻，達到保護自己目的，隨即由鑽劍勁力貼對方器械攻擊，或直接攻擊對方。

第三節 五行劍之三 ── 崩劍

崩劍的動作説明

一、預備勢

動作圖解及要領與劈劍動作一、二、三相同，故圖4-3-1至圖4-3-5從略，動作圖片從圖4-3-6開始。

二、進步崩劍

1. 右腳後蹬，上體左擰，左腳前墊一腳，右腳隨之跟進成右提步；同時，右手持劍前刺，左訣變掌略下落，握劍柄後部以助力，劍身成立刃，力達劍尖，高不過肩；目視前方。（圖4-3-7）

圖4-3-6

圖 4-3-7

圖 4-3-8

2. 動作不停。進身後蹬左腳，使右腳前趨一大步，左腳隨即跟進提靠右踝裏側成左提步；同時，雙手持劍銼把（右手回拉，左手前推），使劍尖向上、向回挑掛至右肩前，下刃向前，兩肘貼肋，兩手握劍（右上左下）貼靠在腹前；目視前方。（圖4-3-8）

圖 4-3-9

3. 動作不停。後蹬右腳進身，使左腳向前趨進一大步，右腳隨即跟進半步成左崩拳步；同時，雙手合力銼把（右推左拉）將劍向前崩出，力達劍下刃，內含推、銼、劈刺之勁；目視劍前方。（圖4-3-9）

【要領】

1. 雙手持劍向回挑掛與落右腳左提步要上下相隨，劍回挑掛後，成直立，劍身距右肩有一拳之距。

2. 崩出的劍要借前趨後蹬及腰勁，反映形意打顧結合、硬打硬進的獨特勁力。

三、進步崩劍

1. 左腳前趨一步，右腳隨之跟進左踝裏側成右提步；同時，雙手持劍，在雙臂塌肩墜肘作用下立刃向前推刺劍，劍尖高不過肩；目視劍尖前方。（圖4-3-10）

2. 上動不停。後蹬左腳進身，使右腳前趨一大步，左腳隨即跟進提靠右踝裏側成左提步；同時，雙手持劍銼把（右手回拉，左手前推），使劍尖向上、向回挑掛至右肩前，下刃向前，兩肘貼肋，兩手握劍（右上左下）貼靠在腹前；目視前方。（圖4-3-11）

圖4-3-10

圖4-3-11

圖 4-3-12

3. 動作不停。後蹬右腳進身，使左腳向前趟進一大步，右腳隨即跟進半步成左崩拳步；同時，雙手合力銼把（右推左拉），將劍立刃向前崩出，力達下刃，內含推、銼、劈刺之勁；目視劍前方。（圖 4-3-12）

要領與上同。

可視場地長短反覆練圖 4-3-10 至圖 4-3-12 動作。崩劍只有右轉身回頭，欲回頭前崩劍的步距應稍大些，以便扣步回身。

四、右轉身勢

1. 左腳跟為軸，裏扣腳尖，兩腳成內八字；上身右擰，左手變訣指按右脈門上，同時，右手持劍，邊裏擰邊使劍柄在前帶劍，劍身、劍面平，與胸同高；目視左肩前方。（圖 4-3-13）

圖 4-3-13

圖 4-3-14

2. 上動不停。上身繼續右擰，重心移左腳，右腳貼左踝裏側腳尖外展，探腳跟向前蹚出，高不過胯，兩膝皆微屈；同時，右手劍經胸前向右橫斬劍，高與肩平；左手訣同時向左平擺，手心向左，亦高與肩平；目視前方。（圖4-3-14）

3. 上動不停。重心前移，右腿微屈前踩落地，腳

圖 4-3-15

尖仍外擺；左腳隨即跟進一腳成退步崩拳步；同時，身向右擰，右手劍向上、向前從頭右側立圓朝斜前方劈落，力達劍身下刃，劍尖高不過肩；左手訣同時亦向上、向前經身前下落，按於右手脈門上側；目視前方。（圖4-3-15）

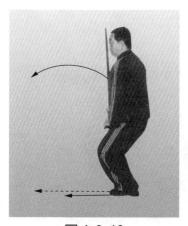

圖 4-3-16

圖 4-3-17

【要領】

1. 左扣步右回身平掃劍要身械協調、自然。

2. 分訣、橫斬劍與蹬腳要左右協調，上下齊到。

3. 踩落右腳與劈劍要借擰腰蹬腳之力，劍、腳齊到。

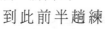

圖 4-3-18

到此前半趟練完，回頭後接圖 4-3-16、圖 4-3-17，即左提步立帶劍，上步崩劍，與前半趟動作相同，只是方向相反。再練到起勢位置進步崩劍後（圖 4-3-18），方可接收勢前的退步崩劍。

圖 4-3-19　　　　　　圖 4-3-20

五、退步崩劍

1. 左手變訣向下、向裏弧線回拉，訣指尖向上貼心口再向前指出；同時，右手劍由身前向下、向後回拉至右胯旁；右腿同時後撤一步成左弓步（過渡步型）；目視前方。（圖 4-3-19）

2. 動作不停。重心後移，左腳隨之後撤，提靠右踝裏側成左提步；右手劍向後、弧形向上提起（劍尖始終朝前）至頭右側；左手訣腕微下沉；目視前方。（圖 4-3-20）

3. 上動不停。腰左擰，右手劍借慣性反刺，高不過頭，右手心朝外；同時，左手訣由身前回收後靠按於右肘窩裏下側；重心同時後移，左腳向右腳裏後側蹉落；目視劍前方。（圖 4-3-21）

<table>
<tr><td>圖 4-3-21</td><td>圖 4-3-22</td></tr>
</table>

【要領】

1. 退步拉劍與劍訣前指，劍身與訣指在往來中應交錯分開是兩條立圓狀平行線。

2. 從退步拉劍到左腳（向右腳後方）蹉落與右手反崩劍應身械協調，靈活中發出剛實勁力。

六、收 勢

1. 重心前移，左腳向前上一步成左樁步；右劍手與左訣不動，兩臂下落胸前；目視前方。（圖 4-3-22）

下面動作圖解及要領與劈劍收勢（圖 4-3-16～4-3-21）同，故從略。

【實戰擊法】

由上步挑掛劍，避開和封住對方器械攻擊，亦可由上步崩劍貼逼開對方器械，接著殺傷對方。

第四節　五行劍之四 —— 炮劍

炮劍的動作說明

一、預備勢

動作圖解及要領與劈劍動作一、二、三相同，故圖4-4-1至圖4-4-5從略，動作圖片從圖4-4-6開始。

二、進提步右掛劍

1. 重心前移，借右腳後蹬左腳前墊一腳，右腳隨即跟進成右提步；同時，借上身左擰之力，右手劍立刃前刺，劍尖高不過肩；左手訣邊變掌邊下落抓握劍柄後部，以助右手前刺之力；目視前方。（圖4-4-7）

圖 4-4-6

圖 4-4-7

尚派形意拳械抉微

第二輯

232

2. 動作不停。左腳後蹬，右腳前趟一大步，左腳隨即跟進成左提步；同時，借上身右擰，右手持劍，邊裏擰邊上弧線掛劍至上身右後方，下刃向後，右手與胸高；同時，左掌變訣亦上弧線擺至右胸前，左訣指向後方；眼睛隨右劍手走，目視劍身。（圖4-4-8）

【要領】

右左提步動時要快、遠，定勢時要穩、實，與身械協調。

圖 4-4-8

三、上步左炮劍

上動不停。左腳向前進方向左 45°趟進一大步，隨即右腳跟進成左腳在前的左椿步；同時，借上身左擰，右前臂邊外擰邊持劍由後經下、向前下弧線反手立刃撩劍，劍下刃向上，劍身平高不過肩；左訣亦同時借上身左擰，邊前臂裏旋邊經腹前下弧線擺臂至左耳側

圖 4-4-9

頭上時，甩腕亮訣，訣指向右肩方向；眼睛隨劍走。（圖4-4-9）

【要領】

1. 提步上掛接上步炮劍應連貫一氣，借腰發勁，劍、步齊到。

2. 炮劍（反撩劍）後，劍身與左腳尖、鼻尖應上下相對，力貫劍身前半部，內含有推、銼、撩勁力。

四、進步右炮劍

1. 兩腳不動，左訣手亦不動；借上身右擰，右手劍向右平擺 90°，眼睛隨劍身轉動。（圖 4-4-10）

2. 上動不停。左腳向右前方 90°邁出一步，右腳隨即跟進成右提步；同時，右手持劍，前刃向上弧形掛劍至左肩前，劍尖向上，劍身直立；左前臂亦同時屈肘下落，使左訣指落按在右脈門上；眼睛隨劍身走動。（圖 4-4-11）

3. 上動不停。右腳借左腳後蹬之力，向左腳尖前方（即前進方向右 45°）趨進一大步，左腳跟進半步成右炮

圖 4-4-10

圖 4-4-11

圖 4-4-12

拳步；同時，借上身右擰，左訣按右脈門不動；右前臂裏旋，右手持劍，經身前下弧線反手立刃撩出，劍下刃向上，劍身高不過肩；目視劍前方。（圖 4-4-12）

【要領】

1. 上身勁力和劍法與上步左炮劍要領同，唯左右相反。

2. 左腳向右前方 90°趟出一步，要求借助右腿後蹬力及腰前催、左膝略裏扣前挺之勁。

視場地、體力可重複練習左右進步炮劍，亦可左右轉身回頭。現介紹左回身勢，右回身勢動作只是左右相反，動作及要領相同。

五、左轉身勢

1. 借左轉身，右腳尖邊裏扣邊向左腳尖外側弧形扣步（落步腳尖方向為回頭後前進方向），隨即擰轉左腳，使

圖 4-4-13

圖 4-4-13 附圖

之提靠右踝裏側成左提步；同時，下畫弧，右手劍經身前上擺劍至右腳外側上方，前刃向外，劍身直立；左訣指隨之擺到右肩前方，訣指向上；目視劍身。（圖 4-4-13、圖 4-4-13 附圖）

　　【要領】

　　借助上身左右擰，先扣步下穿劍，隨之左提步、上擺劍要求身械協調，自然中內含轉折蓄力之意。

六、上步左炮劍

　　左回身勢後的左上步炮劍與動作三（上步左炮劍）動作要領相同，只是方向相反。（圖 4-4-14）

　　練到起勢位置的圖 4-4-15 時方可收勢。

圖 4-4-14　　　　　　　　圖 4-4-15

七、收　勢

1. 左腳前邁一步成左三體式樁步；同時，左訣手經身左側下落，經心口訣指尖向前指出（位於左腳尖上方）；同時，右手持劍，邊裏擰邊回拉至右胯旁，劍尖向前呈立刃；目視訣指前方。（圖4-4-16）

圖 4-4-16

圖 4-4-17

2. 上動不停。重心前移，左膝前挺，右膝繃直成左高弓步；右手持劍向左腳前上方直刺，立刃、劍尖高不過肩；左訣指下落按於右脈門；目視劍尖前方。（圖 4-4-17）

3. 上動不停。借重心後移右轉身，兩腳以腳跟為軸，右擰兩腳尖 135° 成右弓步；同時，右手持劍，邊外擰邊經身前平掃劍至右腳上方，劍面平，高不過肩；左訣指不動，高與肩平；頭隨劍身轉動，定勢後目視劍尖前方。（圖 4-4-18）

4. 上動不停。借重心左移，裹扣右腳尖成橫襠步；同時，右手劍經身前裹下掛一周後，手心向上，經身前向左橫掃，當右手劍接近左肩前方時，迅即向裹翻腕，手背向裹，使劍護手貼於左手心；同時，左前臂裹擰旋訣，使之與上臂成直角，使劍面成立刃貼於左前臂外側；眼睛隨劍走。（圖 4-4-19）

圖 4-4-18

圖 4-4-19

圖 4-4-20

5.上動不停。重心左移，右腳撤至左踝裏側成併步立正；右手變訣，裏旋前臂，經身前擺臂至頭右側上方甩腕亮訣，訣指尖向左；同時，左手持劍，下落垂於左胯旁；眼睛隨右訣擺至頭右上方後，迅即左擰擺頭目視左肩前方。（圖4-4-20）

6. 上動不停。右手訣向前下落至右胯旁，劍指向下，手心向後；同時轉頭目視前方。（圖 4-4-21）

【要領】

眼神、手腳協調一致，自然、精神。

【實戰擊法】

由左右斜進掛劍，避開對方攻擊，再直進炮劍攻擊對方。

圖 4-4-21

第五節　五行劍之五 —— 橫劍

橫劍的動作說明

一、預備勢

動作圖解及要領與劈劍動作一、二、三相同，故圖 4-5-1 至圖 4-5-5 從略，動作圖片從圖 4-5-6 開始。

二、進提步帶劍

1. 重心前移，借右腳後蹬左腳前墊一腳，右腳隨即跟進成右提步；同時，借上身左擰，右手劍立刃前刺，劍尖高不過肩；左手訣邊變掌邊下落抓握劍柄後部，以助右手

圖 4-5-6

前刺劍之力；目視前方。（圖 4-5-7）

2. 動作不停。左腳後蹬，右腳前趨一大步，左腳隨即跟進成左提步；同時，借上身右擰，雙手持劍，邊由下向左、向上絞劍，邊屈臂帶劍至右胸前，劍高與肩平，力達

圖 4-5-7

圖 4-5-8　　　　　　　　　　圖 4-5-9

劍身前半部；眼睛隨劍身走。（圖 4-5-8）

【要領】

1. 右左提步動作動時要快、遠，定勢時要穩、實，身械協調一致。

2. 絞劍內含銼撥對方器械之意；帶劍含有往身右側帶掛對方器械之力。

三、上步左橫劍

上動不停。左腳沿前進方向左 45°趟進一大步，隨即右腳跟進半步成左腳在前的左橫拳步；同時，雙手持劍，向左腳前上方斜劈，劍身高與胸平，力達劍下刃；目視劍前方。（圖 4-5-9）

【要領】

1. 提步雙手帶劍與上步左橫劍應連貫一氣，借腰、腿發勁，劍腳齊到。

圖4-5-10　　　　　　　圖4-5-11

2. 橫劍看似拗步斜劈劍，實劍身內含劈、銼、截等勁力。

四、進步右橫劍

1. 左橫拳步兩腳不動；借上身右擰，雙手持劍，向右平擺掃90°，劍面平，劍身高不過肩；眼睛隨劍走。（圖4-5-10）

2. 上動不停。左腳向右前方90°邁出一步，右腳隨即跟進成右提步；同時，雙手持劍，邊向左外掛邊回拉帶劍，劍身高與肩平，劍前刃向上；目視劍尖前方。（圖4-5-11）

3. 上動不停。右腳借左腳後蹬之力，向左腳尖前方（即前進方向右45°）趟進一大步，左腳跟進半步成右橫拳步；同時，借上身右擰，雙手持劍，邊擰轉劍身使之前刃向下，邊向右腳尖前上方斜劈劍，劍身高不過肩，力達

圖 4-5-12

劍前刃；目視劍前方。（圖 4-5-12）

【要領】

1. 上身勁力和劍法與上步左橫劍要領相同，唯動作左右相反。

2. 左腳向右前方 90°趟出一步，要求借助右腿後蹬及腰催胯膝、左膝略裏扣前挺之勁。

視場地大小和體力情況，可重複練習左右進步橫劍，亦可左右轉身回頭。現介紹左回身勢，右回身勢動作只是左右相反，要領相同。

五、左轉身橫劍

1. 借左轉身，右腳尖邊裏扣邊向左腳外側弧行扣步（落步後腳尖方向為回頭後的前進方向），隨即邊撐轉左腳，邊提靠在右踝裏側成左提步；同時，借左轉身，雙手持劍，向左上方揮轉 225°上截劍，劍尖高與頭頂平，力達

圖 4-5-13

圖 4-5-14

劍身前部上刃；眼睛隨劍走。
（圖 4-5-13）

2. 上動不停。左腳向回身後前進方向左 45°趟進一大步，隨即右腳跟進半步成左腳在前的左橫拳步；同時，借助左擰腰，雙手持劍，向左腳前上方斜劈劍，劍身高與胸平，力達劍下刃；目視劍前方。
（圖 4-5-14）

圖 4-5-15

【要領】

要求在轉折中借助擰腰、身械協調一致，腳到劍到，是掌握形意器械後練習變向、變勁的方法之一。

經反覆練習後，當練到起勢位置且與起勢同方向（圖 4-5-15）時方可收勢。

六、收　勢

　　收勢動作及要領與炮劍收勢七同，故圖 4–5–16 至圖 4–5–21 從略。

【實戰擊法】

　　由左右斜進絞劍，既能身體避開對方攻擊，又能由絞挑劍撥開和化解對方器械攻擊，利用直進的斜橫劍，殺傷對方。

第五章　形意傳統棍術

　　練武術器械——棍時，一般要求「棍打悠勢」「棍打一片」，就是說棍法的特點就是借悠動、慣性掄打，力在棍的兩端。而練尚派形意棍時就像練形意拳那樣，仍用「三催」勁，要求以腰為軸、為支點，又為力源，利用槓桿原理以加大棍兩端作用力。從動作結構上看毫無大掄大悠，只求近而易變，快而剛實；兩臂借腰勁在棍身發震撼力，以求少傷其皮肉，重創其筋骨之效，故反映實用效果較好，顯示尚派棍術與眾不同的勁力和棍法特點。

第一節　五行棍之一 —— 劈棍

劈棍的動作說明

一、預備勢

　　兩腳跟併攏成立正姿勢，頭頂、下頜微收、齒叩舌頂、周身自然放鬆；左手持棍立於左腳外側；右手五指併攏，自然垂於身右胯旁；目向前平視。（圖5-1-1）。

二、原地左劈棍

　　1. 右掌外旋翻轉，手心向上，由體右側直臂上舉，繼

圖 5-1-1

圖 5-1-2

而在臉前向左、向下按掌，落於左肋前，掌心斜向下；眼隨右手動，最後目視左前方。（圖5-1-2）

2. 上動不停。借右擰身，左腳尖外展向左前方，右腳後撤一步成左三體式椿步；同時，左手握棍中節，邊上提棍邊弧線向前、向下劈壓棍；同時，右手借左手上提棍，順左手下端邊滑握棍後把根部邊回拉至右腹前，手心向裏，由兩手配合使棍原地向前劈棍，力達棍前半部，棍梢高不過肩；目視棍前方。（圖5-1-3）

圖 5-1-3

【要領】

1. 擺臂、擺頭要輕鬆自然。

2. 借右轉身左手前壓、右手滑把回拉及右腳向右側蹉退一步要上下協調一致。

三、進步右劈棍

1. 左腳撤至右踝裏側成左腳在前的併步；同時，借左手握棍回拉，右手上捋棍，順勢倒把貼身右側回拉掛棍，棍中節和右手貼胸前；目視左腳尖前上方。（圖5-1-4）

2. 上動不停。左腳前趨一步，右腳隨之跟進，並靠在左踝裏側成右提步；同時，借上捋左手，兩手配合，使棍前端向前、向左前方撥棍（圖5-1-5），接著下掛至後把在上、棍梢在下成斜立棍於左肩前方；目視雙手前方。（圖5-1-6）

3. 上動不停。右腳前趨一大步，左腳跟進半步成右樁

圖5-1-4

圖5-1-5

圖 5-1-6

圖 5-1-7

步;同時,兩手配合,使棍前端貼身左側下掛棍一周後,向右腳尖前上方掄劈棍,棍梢高不過肩,左手滑握後把端貼左腹前;目視棍梢前方。(圖 5-1-7)

【要領】

1. 撥掛棍要求動作協調,上護肩,下掩身前,內含顧法。

2. 劈棍與右腳落地要上下相隨,勁力剛實完整如劈拳,力達棍前端。

四、進步左劈棍

1. 右腳回撤至左踝裏側成併步;同時,借右手握棍回拉,左手上捋棍,順勢倒把貼身左側回拉上掛棍,棍中節和左手貼胸前;目視右腳尖前上方。(圖 5-1-8)

2. 上動不停。右腳前趨一步,左腳隨之跟進,並靠右踝裏側成左提步;同時,借上捋右手,兩手配合,使棍前

圖 5-1-8

圖 5-1-9

端向前、向右前方撥棍（圖 5-1-9），接著下掛至後把在
上，棍梢在下成斜立棍於右肩前方；目視雙手前方。（圖
5-1-10）

圖 5-1-10

圖 5-1-11

3. 上動不停。左腳前趨一大步，右腳跟進半步成左椿步；同時，兩手配合，使棍前端貼身右側下掛棍一周後，向左腳尖前上方掄劈棍，棍前端高不過眉，右手滑握後把端，並使手心貼右腹前；目視棍梢前方。（圖 5-1-11）

【要領】

與進步右劈棍要領同，唯左右相反。

下面視場地和體力，重複向前右左進步劈棍練到頭時可左右轉身回頭。現介紹右轉身進步左劈棍，左轉身進步右劈棍動作及要領相同，唯左右動作相反。

五、右轉身進步左劈棍

1. 左腳以腳跟為軸，裏扣腳尖，同時，重心前移左腿；借上身右擰，右手上捋，雙手配合，使棍前端經臉前上弧擺至右肩外側；目視棍前端。（圖 5-1-12）

2. 上動不停。借上身右擰，左腳後蹬，右腳向棍梢方

圖 5-1-12

向前墊一腳，隨即左腳跟進，提靠在右踝裏側成左提步；同時，棍前端貼身右側，立圓下掛至右肩旁；目視腳尖前上方。（圖 5-1-13）

圖 5-1-13

圖 5-1-14

3. 上動不停。左腳前趟一大步，右腳隨之跟進半步成左椿步；同時，左手向上、向前，右手滑把至後把端，回拉至右腹前，使棍梢向前劈出，劈棍後棍梢高不過肩，力達棍前端；目視棍前方。（圖 5-1-14）

【要領】

1. 轉身舞花掛棍時，左手握棍中節不動，借助右手上滑下捋把，增加舞花和劈棍的運行速度和力量。

2. 轉身進步與棍運動協調，身借棍力，棍借身力。

至此可重複上述動作和回頭，當練到起勢位置（圖 5-1-15）時方可收勢。

六、收　勢

1. 左腳尖裏扣，重心前移左腿成橫襠步；同時，右手滑把前推，左手持棍下落，使棍在身體左側垂直下落；目視左肩方向。（圖 5-1-16）

圖 5-1-15

圖 5-1-16

圖 5-1-17

2. 上動不停。隨左腿直立，右腳向左腳併攏成立正姿勢；同時，右手變掌，貼身前向右、向上、向左擺臂，並下落按掌於左肘裏側；頭隨右臂轉動後，目視左肩前方。（圖 5-1-17）

3. 上動不停。右掌回落至右腿外側；頭部轉正，目視前方。（圖5-1-18）

圖5-1-18

【要領】

自然和諧，精神飽滿。

【實戰擊法】

1. 對方攻來的器械，只要不超過肩高，我都可用進步撥掛棍接劈棍連防帶打。

2. 借上步近身直接劈棍，用我棍內含的推銼勁將對方器械逼出中線，接發劈勁打擊對方。

第二節　五行棍之二 ── 鑽棍

鑽棍的動作說明

一、預備勢

動作圖解及要領與劈棍動作一、二相同，故圖5-2-1、圖5-2-2從略，動作圖片從圖5-2-3開始。

二、進步右鑽棍

1. 左腳前墊一腳，右腳隨即跟進成右提步；同時，借上身左擰，左手滑握棍身，右手前推後把端，至兩手相遇

圖 5-2-3

後前後手串把，左手握後把端回拉至胸前，右手滑握棍身，棍梢高與眼平；目視棍梢。（圖 5-2-4）。

　2. 動作不停。右腳前趨一大步，左腳跟進半步成右椿步；同時，兩手持棍，使棍前端向左、向下、向右上逆時

圖 5-2-4

圖 5-2-5

針畫肩寬小圓後，迅速前推、戳、鑽出棍前端，棍前端高
與肩平；目視棍前方。（圖 5-2-5）

【要領】

1. 前串把要借上步前衝力，力達棍梢。

2. 鑽棍前絞畫一小圈，內含撥、壓、銼勁力；鑽棍
時，兩手配合，使棍身產生螺旋自轉，故棍身和棍尖都能
打人。

三、進步左鑽棍

1. 右腳前墊一步，左腳隨即跟進成左提步；同時，借
上身右擰，右手滑握棍身，左手前推後把端，至兩手相遇
後前後串把，變左手滑握棍身，右手握後把端回拉至胸
前，棍梢高與眼平；目視棍梢。（圖 5-2-6）

2. 動作不停。左腳前趨一大步，右腳跟進半步成左椿
步；同時，兩手配合，使棍前端向右、向下、向左上順時

圖 5-2-6

針肩寬畫一小圓,接著迅速鑽出棍前端,棍梢高與肩平;
目視棍前方。(圖 5-2-7)

　　要領與進步右鑽棍同,唯左右相反。

　　接著可重複練習進步右鑽棍、進步左鑽棍,亦可左右

圖 5-2-7

圖 5-2-8

轉身。現介紹右轉身勢，左轉身勢動作要領相同，唯左右相反。

四、右轉身勢

重心前移左腿，兩腳以腳跟為軸，左腳尖裏扣，右腳尖外擺，成右三體式樁步；同時，借上身右擰，左手邊滑握下捋把，邊平掃棍到轉體後的右腳上方，迅即倒把，左把回拉把端落左腹前，右把順棍上滑，握至棍中節；目視棍稍前方。（圖5-2-8）

【要領】

借右轉身擺扣腳，並與平掃棍倒把上下協調，上身始終保持中正。

五、進步左鑽棍

右轉身後的進步左鑽棍與動作三（進步左鑽棍）動作

要領相同，只是方向相反。（圖 5-2-9、圖 5-2-10）
練到起勢位置的圖 5-2-11 時方可收勢。

圖 5-2-9

圖 5-2-10

圖 5-2-11

六、收　勢

　　鑽棍收勢動作及要領與劈棍六（收勢）同；故圖 5-2-12 至圖 5-2-14 及動作說明從略。

　　【實戰擊法】

　　1. 用上身（步）及前串把，力達棍梢尖，高與眉齊，既可迷惑對方視線，亦可擊打對方面部。

　　2. 鑽棍前絞畫一小圈，要護住頭及上身，內含撥壓銼絞等勁力，鑽棍時，雙手配合，使棍在弧線中發勁，同時棍身產生自轉，故棍身和棍尖都能打人。

第三節　五行棍之三 —— 崩棍

崩棍的動作說明

一、預備勢

動作圖解及要領與劈棍動作一、二相同，故圖 5-3-1、圖 5-3-2 從略，動作圖片從圖 5-3-3 開始。

二、上步崩棍

1. 左腳回撤至右踝裏側，成左腳在前的併步；同時，雙手滑握倒把，右手回拉掛棍，使棍上節掛至右肩前，左手握棍貼左胯前，棍中節貼身；目視左腳尖前上方。（圖 5-3-4）

圖 5-3-3　　　　　　圖 5-3-4

圖 5-3-5

2. 動作不停。左腳前趟一步，右腳隨即跟進成左崩拳步（右膝緊抵左膝窩後裏側，右腳尖不超過左腳跟，與左腳尖夾角成右 45°）；同時，借上身左擰，左手下滑握後把端，拉靠在左腰側，右手亦同時下抒棍，棍身接近崩平時，右把握死以利發勁，使棍前端向前、向下用力崩出，棍尖指向與左腳尖方向相同；目視棍前方。（圖 5-3-5）

三、進步崩棍

1. 右腳向前趟進一步，左腳隨之跟進成左提步；同時，上身右擰，兩手滑把，右手回拉掛棍，使棍上節至右肩前，左手持棍下落左胯前；目視右腳尖前方。（圖 5-3-6）

2. 動作不停。左腳前趟一步，右腳隨之跟進成左腳在前的左崩拳步；同時，借上身左擰，左手下滑握後把端，拉靠在左腰側，右手亦同時下抒棍身，棍身接近崩平時，右手握住棍中節，使棍前端向前、向下用力崩出，以利棍

圖 5-3-6

圖 5-3-7

梢節發勁，棍尖指向與左腳尖方向相同；目視棍前方。
（圖 5-3-7）

【要領】

1. 上步崩棍與進步崩棍的區別，一上墊左腳跟右腳，

一是上右腳提左腳,再上左腳跟右腳。

2. 回拉掛棍時,若雙手握棍中節附近,則棍前端力實,利於防守。若雙手握後把端附近,則利於下一崩棍擊得遠。

3. 崩棍要借腿身之力才能剛實,要求動作齊整。

接著可重複練進步崩棍,至轉身時,只能做右轉身勢,故學者應注意。

四、右轉身勢

1. 左腳尖裏扣,借右轉身回頭,重心移至左腳,右手持棍梢,經臉前擺至右腳外側上方;目視棍前方。(圖5–3–8)

2. 動作不停。右腿隨即屈膝提起,邊外擺右腳尖邊向前蹬出,蹬腳高不過胯;同時,右手邊略向棍梢端捋把,邊向前、向下、向後撥掛至右胯旁;同時,左手隨回身,

圖 5-3-8

圖 5-3-9

邊上捋把邊向前蓋棍把，手心向下，棍後端不低於胯；目
視後把前方。（圖 5-3-9）

3. 動作不停。右腳向前踩落，腳尖外展，左腳隨即跟
進半步成退步崩拳步（重心前四後六，前膝微彎前挺，前
腳尖外擺 45°；後膝彎曲，膝蓋不過前腳腳跟，左腳尖向
前）；同時，上體左擰，右手下捋把，由上向前崩棍；左
手由下向後掛後把至右腋下，右膊要夾緊持棍的左手，棍
梢指向與兩腳跟連線方向相同；目視棍前方。（圖 5-3-
10）

【要領】

1. 轉身前的進步崩棍（圖 5-3-7）要求右腳跟進時距
離左腳稍遠些，以利回身扣步。

2. 轉身蓋掛棍要借右轉身和右蹬腳之力。

3. 右腳踩落要與崩棍協調，腳落棍到。

圖 5-3-10

五、進步崩棍

　　右轉身回頭後的進步崩棍與動作三（進步崩棍）動作
要領相同，只是方向相反（圖 5-3-11、圖 5-3-12）

圖 5-3-11

圖 5-3-12

　　至此可重複上述動作和右轉身，當練到起勢位置（圖
5-3-13）時，接退步崩棍，方可收勢。

圖 5-3-13

圖 5-3-14

六、退步崩棍

1. 左腿不動，右腳向後撤一大步成左弓步；兩手向棍梢端捋把（先右手，後左手），同時，借右擰上身，左手握棍由上向前蓋把，右手持棍向下、向後掛棍至右胯旁；目視後把前方。（圖 5-3-14）

2. 動作不停。重心後移，上體左擰，左腳貼右踝裏側向後趴落成退步崩拳步；同時，左手握棍，由下回拉至右腋下，左手及棍緊夾於右腋下；右手捋棍，由上向前崩出，棍梢高不過肩，棍梢指向與右腿前進方向相同；目視棍前方。（圖 5-3-15）

【要領】

1. 要借左腳趴落反蹬之勁以增大崩棍之力，勁意如退步崩拳，反映形意器械「進也打，退也打」的技法特點。

2. 借擰腰之力，右腋夾棍以求後把沉實，右手捋把崩

圖 5-3-15

棍可借棍打悠勢之性能。

七、收　勢

1. 重心前移，左腳經右踝後側邁出一步後，裏扣腳尖成橫襠步；左手持棍，經身前下落至左膝外側上方，同時右手持棍亦下落，使棍身垂直立在左腳外側；目視棍上端。（圖5-3-16）。

圖 5-3-16

2. 崩棍收勢最後兩動作（圖 5-3-17、圖 5-3-18）與劈棍收勢（圖 5-1-17、圖 5-1-18）動作和要領相同，故從略。

【實戰擊法】

1. 對方器械來攻我，我則回掛棍，以消除對我威脅；

亦可直接上步進身崩棍，由我棍身內含的勁力，銼、格對方進攻或防守器械，接發劈勁打擊對方，反映形意拳械「硬打硬進」的風格特點。

2. 由右回身狸貓倒上樹棍和退步崩棍，使學者在進退和轉折中同樣能身械合一，發出崩棍勁力來。

第四節　五行棍之四── 炮棍

炮棍的動作說明

一、預備勢

動作圖解及要領與劈棍動作一、二相同，故圖 5-4-1、圖 5-4-2 從略，動作圖片從圖 5-4-3 開始。

圖 5-4-3

圖 5-4-4

二、上步戳棍

借右腳後蹬，重心前移，左腳前墊一步，右腳隨即跟進，提靠在左踝裏側成右提步；同時，左手滑把，右手持棍後把向前戳棍，兩手相遇後串把，成右把在前，左手持棍後把端，棍梢高不超過頭部；目視棍前方。（圖 5-4-4）

三、進步左炮棍

1. 動作不停。右腳前趨一大步，左腳隨即跟進成左提步；同時，借右擰身，右手邊上挬把邊向身右側上弧線掛棍，左手持棍後端下落腹前，手心向裏；目視棍身。（圖 5-4-5）

圖 5-4-5

圖 5-4-6　　　　　　　　　　圖 5-4-7

2. 動作不停。借右腳後蹬，左腳向前進方向左 45°趟進
一大步，右腳隨即跟進，成兩腳跟相距一腳遠的左炮拳
步；同時，借上身左擰，右手邊下挦把邊下弧線向左腳尖
前上方推戳棍，棍尖高與肩平；左手邊裏擰後把邊上拉至
左額旁，左手心向外；目視棍尖前方。（圖 5-4-6）

【要領】

1. 上步戳棍與左進步炮棍要連貫一氣。

2. 左腳前趟，左手裏擰上撐，右手挦把由下向前上方
推戳要棍步齊到，勁齊力猛。

四、進步右炮棍

1. 借右擰上身，右腳不動，左膝裏扣，左腳向前進方
向右 45°墊上一步，重心側重在右腳；同時，左手持棍後
把下落左肩前，右手邊向前滑把，邊下持棍梢至左腳尖前
上方；目視棍前方。（圖 5-4-7）

2. 動作不停。重心前移左腿，右腳跟進左踝裏側，成右提步；同時右手順勢下捋把，貼身左側上弧線倒把掛棍，使右手心向裏持棍後把落至腹前；左手心向上，持棍停至左肩前；目視左手。（圖 5-4-8）

3. 動作不停。右腳順左腳尖方向前趟一大步，左腳隨即跟進成右炮拳步；同時，右手裏擰後掄向右額前上撐；左手持棍，向後、向下、向前上捋棍發推戳棍勁，棍尖高與肩平；目視棍尖前方。（圖 5-4-9）

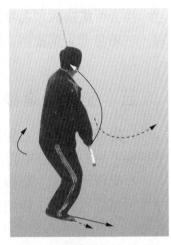

圖 5-4-8

【要領】

與進步左炮棍要領同，唯左右相反。

圖 5-4-9

接著可重複練習進步左右炮棍。現介紹左轉身進步炮棍，右轉身進步炮棍與左轉身進步炮棍要領相同，左右相反。

五、左轉身進步炮棍

1. 隨身體左轉，右腳尖裏扣，並向左腳尖前擺步；兩手持棍不動，隨身體轉動；目視棍前方。（圖 5-4-10）

2. 動作不停。左腳跟進，提靠右踝裏側，成左提步；左手下捋把，右手上捋把，由倒把使棍梢上弧線掛棍至右肩後上方，右手心朝上，左手心向裏，持棍後端貼靠腹前；目視右手方向。（圖 5-4-11）

3. 動作不停。借右腳後蹬，重心前移，左腳向回頭後前進方向左 45°前趨一大步，右腳隨即跟進成左炮拳步；同時，右手邊下捋棍，邊經右肩後向下、向前上推戳棍，

圖 5-4-10

圖 5-4-11

圖 5-4-12　　　　　　　　　圖 5-4-13

棍尖高不過肩；目視前方。（圖 5-4-12）

【要領】

1. 右裏扣擺步要借左轉身之慣性。

2. 推戳出的炮棍要力達棍身前半部，棍梢與左腳尖同在炮拳步中線上。

至此可重複左右進步炮棍和左右轉身進步炮棍，當練到起勢位置（圖 5-4-13）時，方可收勢。

六、收　勢

收勢動作和要領與劈棍收勢同，故從略，唯在站位角度上向右轉了 45°。

【實戰擊法】

1. 步法走「之」字形，斜進直取接近對方。

2. 炮棍中，推戳勁使用棍前端，可逼開對方器械，並對其兩肋進行攻擊；撩戳勁使用棍尖，撩勁點擊對方會陰

和膻中等穴。

第五節　五行棍之五 —— 橫棍

橫棍的動作說明

一、預備勢

二、上步戳棍

上兩動作和要領與炮棍動作一、二相同，故文字說明及圖 5-5-1 至圖 5-5-3 從略，動作圖片從圖 5-5-4 開始。

三、進步左橫棍

1. 接上步戳棍動作不停。右腳前趨一大步，左腳隨即

圖 5-5-4

跟進成左提步；同時，借右擰身，右手邊上挼把邊向身右側上弧線掛棍，左手持棍後端下擺至腹前；目視前進方向左45°。（圖5-5-5）

2. 動作不停。借右腳後蹬，左腳向前進方向左45°趟進一大步，右腳隨即跟進成兩腳跟相距一腳遠的左橫拳步；同時，借上身左擰，左右手握棍不動，雙手配合將棍前端向左腳尖前上方斜劈，左手心向裏，持棍後端貼左腹前，棍梢高不過肩；目視棍前方。（圖5-5-6）

【要領】

1. 橫棍勁力與劈棍相近，劈棍是挼把上下劈，橫棍是定把斜45°下劈，都含有推、銼、劈的勁力。

2. 掛棍接斜劈中，棍梢處要畫一下弧線過渡，不要直掛直劈，以使勁力連貫流暢。

3. 後手持棍貼腰，以求棍借身力，達到勁整力實。

圖 5-5-5

圖 5-5-6

四、進步右橫棍

1. 借上身右擰，右腳不動，左膝裏扣，左腳向前進方向右 45°墊上一步，重心側重在右腳；右手邊向前滑握棍，邊掩左腿撩起棍梢；目視棍前方。（圖 5-5-7）

2. 動作不停。重心前移左腿，右腳跟進左踝裏側成右提步；同時，左右手邊滑把邊倒把邊經身左側上弧線掛棍，使右手心向裏持棍後把落至腹前，左手心向上持棍停在左肩前；目視左腳尖前上方。（圖 5-5-8）

3. 動作不停。借左腳後蹬，右腳向前進方向右 45°趟進一大步，左腳隨即跟進，成右橫拳步；同時，借上身右擰，左右手握棍不動，雙手配合將棍前端向右腳尖前上方斜劈棍，右手心向裏持棍後端貼右腹前，棍梢高不過肩；目視棍前方。（圖 5-5-9）

圖 5-5-7

圖 5-5-8

圖 5-5-9

【要領】

進步右橫棍要領與進步左橫棍同，唯左右相反。

接下去可重複練習進步左右劈棍。現介紹左轉身進步橫棍，右轉身進步橫棍要領相同，左右相反。

五、左轉身進步橫棍

1. 隨身體左轉，右腳尖裏扣，向左腿外扣步，重心仍落左腿；左手向前捋把，使棍梢掩著右腳尖隨身體轉動；目視左前方。（圖 5-5-10）

2. 動作不停。左腳跟進，提靠右踝裏側成左提步；左手下捋把，右手上捋把，由倒把使棍梢上弧線掛棍至右肩後上方，右手

圖 5-5-10

圖 5-5-11

心朝上，左手心向裏，持棍後端貼靠腹前；目視右腳尖前上方。（圖 5-5-11）

3. 動作不停。借重心前移，右腳後蹬，左腳向回頭後的前進方向左 45°前趨一大步，右腳隨即跟進成左橫拳步；同時，借上身左擰，左右手握棍不動，雙手配合將棍前端向左腳尖前上方斜劈，左手心向裏持棍後端貼左腹前，棍梢高不過肩；目視棍前方。（圖 5-5-12）

【要領】

1. 右裏扣步要借左轉身之慣性。

2. 掛劈出的橫棍要力達棍身前半部，棍尖與左腳尖和鼻尖要三尖相對。

到此可重複左右進步橫棍和左右回身進步橫棍，當練到起勢位置（圖 5-5-13）時，方可收勢。

圖 5-5-12

圖 5-5-13

六、收 勢

　　收勢動作和要領與劈拳收勢同，故從略，唯站位角度
向右轉了 45°。

【實戰擊法】

1. 與劈棍勁力有相同之處，不同之處是劈棍是在立圓活把中劈棍，橫棍則是在雙手定把中斜劈棍。

2. 橫棍勁力既反映「棍打悠勢」的長處，又反映形意棍「械借身力」的特點，故橫棍發勁時，後把不離身。

3. 橫棍既能「沾身縱力」，震開和磕飛對方器械，又能給對方肩、肋以殺傷。

導引養生功

1 疏筋壯骨功＋VCD　定價350元
2 導引保健功＋VCD　定價350元
3 頤身九段錦＋VCD　定價350元
4 九九還童功＋VCD　定價350元
5 舒心平血功＋VCD　定價350元

6 益氣養肺功＋VCD　定價350元
7 養生太極扇＋VCD　定價350元
8 養生太極棒＋VCD　定價350元
9 導引養生形體詩韻＋VCD　定價350元
10 四十九式經絡動功＋VCD　定價350元

張廣德養生著作　每冊定價 350 元

全系列為彩色圖解附教學光碟

輕鬆學武術

1 二十四式太極拳＋VCD　定價250元
2 四十二式太極拳＋VCD　定價250元
3 八式十六式太極拳＋VCD　定價250元
4 三十二式太極劍＋VCD　定價250元
5 四十二式太極劍＋VCD　定價250元

6 二十八式木蘭拳＋VCD　定價250元
7 三十八式木蘭扇＋VCD　定價250元
8 四十八式太極劍＋VCD　定價250元

彩色圖解太極武術

 1 太極功夫扇　定價220元

 2 武當太極劍　定價220元

 3 楊式太極劍　定價220元

 4 楊式太極刀　定價220元

 5 二十四式太極拳＋VCD　定價350元

 6 三十二式太極劍＋VCD　定價350元

 7 四十二式太極劍＋VCD　定價350元

 8 四十二式太極拳＋VCD　定價350元

 9 楊式十八式太極劍拳　定價350元

 10 楊氏二十八式太極拳＋VCD　定價350元

 11 楊式太極拳四十式＋VCD　定價350元

 12 陳式太極拳五十六式＋VCD　定價350元

 13 吳式太極拳五十六式＋VCD　定價350元

 14 精簡陳式太極拳八式十六式　定價220元

 15 精簡吳式太極拳三十六式拳架・推手　定價220元

 16 夕陽美功夫扇　定價220元

 17 綜合四十八式太極拳＋VCD　定價350元

 18 三十二式太極拳　四段　定價220元

 19 楊式三十七式太極拳＋VCD　定價350元

 20 楊氏五十一式太極劍＋VCD　定價350元

 21 嫡傳楊家太極拳精練二十八式　定價220元

 22 嫡傳楊家太極劍五十一式　定價220元

養生保健　古今養生保健法　強身健體增加身體免疫力

1 醫療養生氣功
定價250元

2 中國氣功圖譜
定價250元

3 少林醫療氣功精粹
定價250元

4 龍形實用氣功
定價220元

5 魚戲增視強身氣功
定價220元

7 道家玄牝氣功
定價200元

8 仙家秘傳祛病功
定價160元

9 少林十大健身功
定價180元

10 中國自控氣功
定價250元

11 醫療防癌氣功
定價250元

12 醫療強身氣功
定價250元

13 醫療點穴氣功
定價250元

14 中國八卦如意功
定價180元

15 正宗馬禮堂養氣功
定價420元

16 秘傳道家筋經內丹功
定價300元

17 三元開慧功
定價250元

18 防癌治癌新氣功
定價180元

19 禪定與佛家氣功修煉
定價200元

20 顛倒之術
定價360元

21 簡明氣功辭典
定價360元

22 八卦三合功
定價230元

23 朱砂掌健身養生功
定價250元

24 抗老功
定價230元

25 意氣按穴排濁自療法
定價250元

27 健身祛病小功法
定價200元

28 張氏太極混元功
定價250元

30 中國少林禪密功
定價200元

31 郭林新氣功
定價400元

32 八卦之源與健身養生
定價280元

33 現代原始氣功1
定價400元

34 養生開脈太極
定價300元

35 通靈功—養生祛病及入門功法
定價300元

37 太極內功養生法
定價180元

38 無極養生氣功
定價200元

39 小周天健康法
定價200元

大展好書　好書大展
品嘗好書　冠群可期

大展好書　好書大展
品嘗好書　冠群可期